dtv
premium

JEAN-CHARLES WALL

DIE PROPHEZEIUNG DES AFGHANISCHEN TEPPICHS

Aus dem Französischen von
Elisabeth Liebl

Mit farbigem Bildteil
und 6 Schwarz-Weiß-Grafiken

Deutscher Taschenbuch Verlag

Auch als E-Book erhältlich

FSC
www.fsc.org
MIX
Papier aus verantwortungsvollen Quellen
FSC® C006701

Deutsche Erstausgabe 2014
Deutscher Taschenbuch Verlag GmbH & Co. KG,
München

Titel der französischen Originalausgabe:
›Le code du tapis afghan‹
Éditions Jacob-Duvernet, Paris

Dieses Buch wurde durch die
Anoukh Foerg Literary Agency, 80796 München, vermittelt.
Umschlagkonzept: Balk & Brumshagen
Umschlagfotos: Corbis (oben) und Jean-Charles Wall
Satz: Greiner & Reichel, Köln
Gesetzt aus Albertina 10,25/13,75
Druck und Bindung: CPI, Ebner & Spiegel, Ulm
Gedruckt auf säurefreiem, chlorfrei gebleichtem Papier
Printed in Germany · ISBN 978-3-423-28031-0

Inhalt

Geleitwort von Laurent Dessart*

Was für eine kuriose Entdeckung, zehn Jahre nach dem Kauf: Ein Teppich, den man mehr oder weniger zufällig in einem Teppichgeschäft in Europa ersteht, zeigt, dass bei seiner Entstehung weder der dekorative noch der gemütliche Aspekt im Vordergrund gestanden haben. Er stellt vielmehr eine codierte Botschaft dar, die die Gründe für ein Attentat offenbart, das das Leben von Millionen Menschen in aller Welt verändert hat! Ebendies belegt die hier vorliegende, brillant ausgeführte Studie. Der Autor hat mich gebeten, sie mit einigen Zeilen zu begleiten: als juristischer Sachverständiger und als Übersetzer für die wichtigsten Sprachen, die in Afghanistan gesprochen werden – ein Metier, das ich schon seit mehr als zwanzig Jahren vor Gericht ausübe. Für diese Ehre möchte ich ihm danken.

Der Teppich gehört offensichtlich zu einer besonderen Gattung, die zutiefst von den Bildern der Moderne durchdrungen ist und jene Stadtlandschaft in Szene setzt, die wir alle kennen: die Skyline von New York. Oberflächlich betrachtet scheint es sich um einen Teppich zu handeln, der für die wenigen abendländischen Touristen gedacht war, die sich in den Neunzigerjahren bis in die pakistanisch-afghanische Gegend wagten. Oder für die noch seltenere Spezies der begüterten Einheimischen, die mit einem Green Pass, einem internationalen Pass, versehen in die Staaten reisen konnten und nach der Heimkehr die Wände oder den Boden ihres Salons mit solch einem Motiv schmücken wollten, als Beweis sozusagen, dass sie dort gewesen waren. Doch der Teppich, um den es hier geht, ist weit mehr. Es mutet fast wie ein Wunder an, dass er in den Händen seines aktuellen Besitzers gelandet ist. Doch es sollte keineswegs bei diesem einen Wunder bleiben: Das zweite ist die Tatsache, dass der Käufer in der Lage war, die tatsächliche Bedeutung des Stücks zu erkennen und sie uns in einer aufwendigen Studie, die ihn über Jahre fesselte, nun nachvollziehen lässt.

Das erste Wunder geht auf die Nachlässigkeit des Ladenbesitzers zurück, der diesen Teppich unter einem Stapel anderer liegen ließ, und auf die Unwissenheit des Verkäufers, der just in dem Moment im Laden war, als Monsieur Wall dort einen blauen Teppich suchte ... Das zweite Wunder aber gehört zu den Dingen, die man kaum glauben kann, wenn man sie nicht selbst erlebt hat. Ich muss gestehen, bevor ich den Autor dieser Studie kennenlernte, war ich sehr skeptisch, was die Ernsthaftigkeit und Glaubhaftigkeit seines abenteuerlichen Weges angeht. Doch die Lektüre dieses Buches wird jeden Zweifel, den Sie diesbezüglich hegen mögen, zerstreuen.

---

* Laurent Dessart hat diverse Projekte vor Ort in Afghanistan durchgeführt (für die *Aide Médicale Internationale*, für die UN-Flüchtlingshilfe, für das *Centre National de la Recherche Scientifique* und das Internationale Rote Kreuz). Er hat am *Institut national des langues et civilisations orientales* (INALCO) in Paris einen Abschluss als Übersetzer für Paschtu erworben, der Sprache der Paschtunen. Er ist am Kassationsgericht als Übersetzer und Dolmetscher tätig und in der ethnologischen Abteilung des *Musée national d'histoire naturelle*. Darüber hinaus hat er an der Universität Paris X-Nanterre einen Aufbaustudiengang in Ethnologie erfolgreich abgeschlossen.

Mit 18 Jahren reiste er auf dem Landweg nach Asien und entdeckte Afghanistan 1978, kurz vor der Besetzung des Landes durch die Sowjetunion. Zweimal war er in Peshawar tätig, 1987 im humanitären Bereich und von 1988 bis 1989 als Associate Project Officer bei der Delegation des UN-Hochkommissars für Flüchtlingswesen. Die Jahre von 1990 bis 1993 verbrachte er im Rahmen seines Doktorats in vergleichender Soziologie an der Universität Paris X-Nanterre in Pakistan, um dort vor Ort verschiedene Projekte durchzuführen.

Vorwort des Autors

1991 habe ich hier in Europa einen afghanischen Kriegs- und Propagandateppich gekauft. Zehn Jahre später ließen die Ereignisse des 11. September die auf diesem Teppich dargestellten Motive plötzlich in einem ganz anderen Licht erscheinen. Ein Rätsel wurde geboren. Nachdem ich mir lange Zeit den Kopf über dessen Bedeutung zerbrochen hatte, führten sechs Jahre Recherche und intensiver Beschäftigung mit der Thematik schließlich zu dem Schluss, dass es sich bei diesem Kriegsteppich um eine Art verschlüsseltes Dokument handelt, das in dem Zeitraum zwischen November 1990 und März 1991 entstanden ist. Sinn und Zweck dieses Teppichs war es, sowohl die logistischen Details als auch die politischen und religiösen Motive des Anschlags auf den Nordturm des World Trade Centers mit zwei Linienflugzeugen zu übermitteln.

Dieses Buch hat die einzelnen Etappen dieses Entschlüsselungsprozesses zum Gegenstand und die daraus gewonnenen Erkenntnisse, an deren Anfang der zufällige Erwerb eines Teppichs stand, der ganz offensichtlich nicht für den Verkauf bestimmt war. Mein Ziel war es, die Bedeutung dieser Bilderschrift zu enträtseln und die möglichen Gründe aufzudecken, warum eine derart ungewöhnliche Form der Nachrichtenübermittlung gewählt worden war. Mehr als elf Jahre nach den Anschlägen von 2001 zeigen die folgenden Seiten eine symbolische Dimension der Ereignisse vom 11. September, die ein ganz neues Licht auf das Attentat werfen.

Erster Teil

1991 – 2008: Von der Avenue Kléber zum World Trade Center

Kapitel 1
Eine scheinbar harmlose Anschaffung

Im Grunde beginnt diese ganze Geschichte ziemlich banal: im Mai 1991 im Laden eines Pariser Teppichhändlers.

Ich erinnere mich an diesen Tag, als wäre es erst gestern gewesen. Ich komme von einem Termin in der Avenue Kléber im 16. Arrondissement und gehe in ein Bistro, um einen Kaffee zu trinken. Danach bummle ich noch ein wenig durch die Straßen des Viertels und das Schaufenster eines Teppichhändlers erregt meine Aufmerksamkeit. Es gehört zu einem winzigen Laden mit einer ebenso winzigen Auslage.

Ich betrete den Laden, weil mir der Gedanke im Kopf herumspukt, ich könnte dort möglicherweise einen blauen Teppich bekommen. Drinnen begrüßt mich ein junger Verkäufer, so zwischen zwanzig und fünfundzwanzig Jahre alt und sehr zuvorkommend. Sorgfältig prüfe ich mehrere Stapel fein säuberlich übereinandergeschichteter Teppiche. Keiner sagt mir zu. Ich sehe mich weiter um. Was ich suche, ist ein Teppich mit einer ungewöhnlichen Farbgebung, etwas, das mich anspricht, sodass es »klick« macht – und ich sollte nicht enttäuscht werden. Denn plötzlich fällt mein Blick auf einen Stapel im Eck hinter einem Schreibtisch. Es handelt sich dabei um etwa ein Dutzend eingeschlagener Teppiche, und ich entdecke einen blauen, dessen Kante etwas hervorlugt. Ich bitte den jungen Mann, mir doch diesen Teppich einmal zu zeigen, und die Freundlichkeit in Person kommt meiner Bitte nach. Ich besehe den Teppich eingehend, genauer gesagt betrachten wir ihn beide, denn er scheint ihn wie ich eben erst in diesem Moment entdeckt zu haben. Ich weise ihn auf das Motiv hin. Spontan sagt er: »Das ist ja die Brooklyn Bridge!« Ich komme gerade aus New York zurück, das mir von mehreren Aufenthalten her vertraut ist. Wie er erkenne ich sofort das berühmte Panorama der Skyline im Südosten von Manhattan wieder. Diese urbane Landschaft ist von zahllosen Fotos und Postkarten bekannt. Schließlich ist New York die wohl meistfotografierte Stadt der Welt. Auch die Schriftzüge, die in die Darstellung eingewebt sind, fallen mir auf. Der Händler meint, er wisse leider auch nicht, was sie bedeuten. Aber was soll's! Der Teppich gefällt mir, und ich kaufe ihn, ohne lange um den Preis zu feilschen. Er ist ohnehin nicht hoch. Den Teppich unterm Arm verlasse ich den Laden.

Und damit beginnt das Abenteuer des afghanischen Teppichs.

Doch was ist nun eigentlich auf diesem berühmten Teppich zu sehen, der im Mittelpunkt eines faszinierenden Rätsels steht (siehe Abb. 2, Bildteil)?

Da ist zunächst diese blaue Farbfläche, umgeben von einer Bordüre aus farbigen Sternen, die den Hintergrund zur nächtlichen Ansicht einer modernen Stadt bildet. Von dieser blauen Fläche, die sich aufteilt in den Nachthimmel und dessen Reflexion in etwas, das aussieht wie ein Fluss oder eine große Wasserfläche, hebt sich monumental eine Hängebrücke ab. Die in Schwarz und Braun gehaltene Eisenbrücke, auf der sich die Autos stauen, überspannt die Wasserfläche und teilt die Komposition diagonal. Im unteren linken Viertel der Darstellung folgt ein in Rot und Rosatönen gehaltenes Boot der Uferlinie. Ein Zug von vier Fischen bewegt sich in Richtung rechter Bildhälfte. Im Nachthimmel über der Stadt fliegen zehn Flugzeuge in dieselbe Richtung wie die Fische. Das Ensemble aus Wolkenkratzern und Brücke wird von vier Schriftzügen – zwei oberhalb, zwei unterhalb der Brücke – in arabisch-persischer Schrift ergänzt.

Rechts oberhalb der Brücke steht ein rechteckiger Schriftzug in Beige, es handelt sich hierbei um arabische Ziffern. Ich bezeichne ihn im Folgenden als »Schriftzug A«. Rechts davon befindet sich in Weiß der Schriftzug B, der nach oben breiter wird und an eine etwas amorphe Säule erinnert. Unterhalb der Brücke befindet sich ein dritter, weißer Schriftzug, Schriftzug C, der spiegelbildlich Schriftzug B darstellt. Rechts von Schriftzug C schließlich ist der braun gehaltene Schriftzug D zu sehen (siehe Abb. 4, Bildteil).

Bei Schriftzug A handelt es sich um die Jahreszahl 1369 nach dem iranischen Sonnenkalender, der auch in Afghanistan in Gebrauch ist. Dieser Datumsangabe entspricht nach unserem Kalender der Zeitraum vom 21. März 1990 bis zum 21. März 1991.

Sowohl Kett- als auch Schussfäden des Teppichs bestehen aus Wolle. Der Flor des geknüpften Teppichs, also die Fläche der kurzen, aufrecht stehenden Wollfasern an der Oberseite, misst 133 auf 86 Zentimeter.

Zehn Jahre verstreichen nun ohne irgendwelche auffälligen Begebenheiten. Zehn Jahre im Leben eines Mannes wie unzählige andere, Autodidakt und vormaliger Gestalter von Filmplakaten, der sich nach den verschiedensten Jobs in der Filmbranche wieder der Innenarchitektur zuwendet. Zehn Jahre verstreichen ohne irgendwelche bemerkenswerten Ereignisse ... bis zu jenem 11. September 2001.

Kapitel 2
11. September 2001 – ein Rätsel erblickt das Licht der Welt

Noch heute erinnert sich jeder Einzelne genau daran, was er gerade tat, als er erfuhr, was sich am 11. September 2001 in Amerika abspielte. Was er tat, als über die Bildschirme der Welt die Bilder von zerschellenden Flugzeugen flimmerten, der in Flammen aufgehenden und kurz darauf einstürzenden Twin Towers, der in der aufgeschlitzten Fassade des Pentagons klaffenden Wunde … Diese Bilder haben sich tief in unser kollektives Gedächtnis eingebrannt und damit auch in das Gedächtnis jedes einzelnen Menschen.

Am 11. September 2001 um 14 Uhr 46 MEZ bohrt sich das erste Flugzeug in einen der Türme des World Trade Centers. Aus dem Fernsehen erfahren wir, dass in den oberen Stockwerken des World Trade Centers Feuer ausgebrochen ist. Hier beginnt das Unbegreifliche, auch wenn zu diesem Zeitpunkt jeder noch an einen Unfall glaubt.

Wer in der Arbeit ist, lässt alles liegen und stehen und sucht sich ein Fernsehgerät oder ein Radio. Wer vor einem Computer sitzt, sucht nach Informationen im Internet. Wer in den Straßen unterwegs ist, erfährt vom Einschlag des ersten Flugzeugs im Bistro an der Ecke oder von anderen Passanten.

Ich befinde mich zu dieser Zeit in meinem Atelier und zeichne Entwürfe. Das Wetter ist schön in diesem Spätsommer. In einer Ecke des Raumes, wo auch mein Teppich liegt, läuft der Fernseher. Unmittelbar nach dem ersten Anschlag auf das World Trade Center, der den Nordturm trifft, unterbrechen die meisten Fernsehsender ihr laufendes Programm, um über die aktuellen Ereignisse zu berichten. Wie jeder andere verfolge auch ich die ständig wiederholten Bilder, die auf allen Kanälen gezeigt werden, und kann meinen Blick nicht vom Fernseher lösen. Einige Aufnahmen, live in Brooklyn aufgezeichnet, zeigen den von einer dichten Rauchwolke verhüllten Nordturm, der Südturm links ist noch unbeschädigt. Und dann erreichen uns die Bilder, die zeigen, wie ein weiteres Flugzeug in den zweiten Turm rast und wie wenig später beide Türme in sich zusammenstürzen.

Noch begreife ich nicht wirklich, was sich da gerade abspielt.

Und dann kommt der Augenblick, in dem klar wird, dass es sich nicht um ein Flugzeugunglück handelt: als aus dem Herzen von Manhattan Rauch aufsteigt, die Twin Towers eingestürzt sind – und wir hören, dass ein weiteres Flugzeug bei Washington das Pentagon getroffen hat. Und eine vierte Maschine über einem Feld in Pennsylvania abgestürzt ist.

Wie jeder andere verbringe auch ich den Nachmittag vor dem Fernseher: gebannt, gefesselt, zutiefst erschüttert.

Als ich an jenem Abend zu Bett gehe, tue ich kaum ein Auge zu. Immer wieder wälze ich mich im Bett herum. Unaufhörlich gehen mir die Bilder des Anschlags in New York durch den Kopf. Als ich glaube, endlich einschlafen zu können, zucke ich zusammen, als hätte ich einen elektrischen Schlag erhalten. Ich springe aus dem Bett, stürze in mein Atelier und stelle den Fernseher an, der selbst jetzt spätnachts noch dieselben Aufnahmen vom Attentat wiederholt. Die Bilder im Fernsehen, sie zeigen das gleiche Szenario wie mein Teppich! Mein Teppich, der hier auf dem Boden meines Ateliers liegt! Mein Blick wandert hin und her zwischen Fernseher und Teppich, und immer augenfälliger wird es: Mein Teppich ist eine bildliche Darstellung des Attentats! Ich kann es nicht fassen, meine Augen werden immer weiter, ich schaue auf den Fernseher, dann auf den Teppich, wieder auf den Fernseher, noch einmal auf den Teppich. Doch schließlich muss ich mich dem Offensichtlichen beugen: hier wie dort das gleiche Bild! Der Bildausschnitt bestimmter Aufnahmen, die aus einem

Hubschrauber gemacht wurden, entspricht genau dem Blickwinkel, wie er sich dem Betrachter auf dem Teppich beziehungsweise auf einer möglicherweise als Vorlage verwendeten Fotografie zeigt. Und die Flugzeuge auf dem Teppich sind jene fliegenden Brandbomben, die auf Manhattan und Washington gerichtet wurden.

Es fällt mir wie Schuppen von den Augen.

Zehn Jahre lag der Teppich hier in meiner Wohnung direkt vor meiner Nase, ohne dass ich auch nur im Leisesten geahnt hätte, was es damit auf sich hat.

In all diesen Jahren entzog sich mir die tatsächliche Bedeutung dieses Teppichs. Und nun offenbart sie sich mir mit solcher Macht und Deutlichkeit, dass es mir schier den Atem verschlägt. Dieses Motiv, diese geknüpften Wollfäden sind keine harmlose Stadtansicht von New York, wie man sie auf Ansichtskarten findet, sondern sie spielten möglicherweise eine wichtige Rolle bei der Planung und Durchführung eines der mörderischsten Selbstmordattentate, die je auf amerikanischem Boden verübt wurden.

Ein hauchdünner Faden verbindet mich mit den von Feuer und Asche erfüllten Straßen New Yorks und dieser Tragödie, die Tausende Kilometer entfernt auf der anderen Seite des Atlantiks 2977 Menschen das Leben kostet.

Von diesem Moment an lässt mich ein drängendes Anliegen nicht mehr los, das mit den Jahren zur Besessenheit wird: Ich will wissen, verstehen, Gewissheit haben. Wissen, was wirklich auf diesen paar Quadratzentimetern geknüpfter Wolle dargestellt ist. Verstehen, welche Verbindungen zwischen meinem Teppich und den Hintermännern der Anschläge vom 11. September bestehen. Gewissheit haben und mir nicht weiter irrwitzige Szenarien zusammenspinnen, von denen eines unwahrscheinlicher als das andere ist.

Was hat das alles zu bedeuten? Auf welchen Wegen gelangte dieser Teppich zu mir? Welche unglaubliche Verkettung von

Umständen führte mich im Jahre 1991 in ebendieses Geschäft, wo ich genau diesen und keinen anderen Teppich erwarb? Mir schwirrt der Kopf von diesen endlosen Grübeleien, diesen Fragen, auf die ich keine Antwort habe. Ich merke, dass mein Puls schneller geht, seit ich im Fernsehen die ersten Bilder von den Anschlägen gesehen habe. Er hat sich auch nicht beruhigt, nachdem ich wieder zu Bett gegangen bin. Diese ganze Geschichte ist doch völlig verrückt. 2 Uhr früh, 3 Uhr früh, die Zeit verrinnt in der Nacht, doch ich finde einfach keinen Schlaf. Zu viele Gedanken, zu viele Dinge, die ich nicht verstehe, schwirren mir durch den Kopf. Endlich geht die Sonne auf. Die ganze Nacht sind meine Gedanken um Flugzeuge gekreist und um all die Tragödien und Tränen, die sie gebracht haben. Um jene Flugzeuge, die in den Teppich in meinem Wohnzimmer eingewebt sind.

Kapitel 3

Ein dunkles Rätsel wird noch dunkler

Am 12. September warte ich morgens in aller Frühe ungeduldig eine einigermaßen zivile Uhrzeit ab, um meinen Freund Roland, der Historiker ist, anzurufen und ihn zu bitten, doch bei mir vorbeizuschauen. Etwas verwundert kommt er bei mir an. Ohne ein Wort der Erklärung zeige ich ihm den Teppich.

»Na, was hältst du davon?«

»Was soll ich davon halten? Das ist dein alter Teppich. Was soll denn mit dem sein?«

»Siehst du das denn nicht?«

»Nein, was denn? Hast du einen Fleck draufgemacht?«

»Jetzt schau doch mal genau hin: die ganze Darstellung, die Stadt, die Flugzeuge. Erinnert dich das an nichts?«

»Nein, wirklich nicht. Das ist dein Teppich mit der Ansicht von New York und den Flugzeugen über der Brooklyn Bridge. Du hast das Ding jetzt schon so lange, dass ich es quasi auswendig kenne.«

»Und nichts, was jüngst vorgefallen ist, lässt dich an diesen Teppich denken?«

»Wie … was jüngst vorgefallen ist? Du meinst doch wohl nicht die Anschläge auf das World Trade Center?«

»Doch, ebendie meine ich. Schau doch mal genauer hin: Was da dargestellt ist, ist exakt der Anschlag auf den ersten Turm.«

»Das ist doch wohl nicht dein Ernst? Wie sollte das denn zugehen? Glaubst du wirklich, die Terroristen haben das Motiv auf deinem Teppich entworfen? Außerdem ist es schon so lange her, dass du ihn gekauft hast. Die Attentäter haben diesen Anschlag doch nicht zehn Jahre lang vorbereitet!«

Zehn Minuten geht die Diskussion in diesem Stil noch weiter, ehe ich sie beende. Mir wird klar, dass ich ihn nicht überzeugen kann. Als er geht, sind wir zwar nicht sauer aufeinander, doch ein wenig nehme ich es meinem Freund schon übel, dass er meine Sicht der Dinge – und auch meine Erregung darüber – so gar nicht teilen will.

Nun bin ich niemand, der sich leicht geschlagen gibt. Ich werde dieser Sache weiter nachgehen. Tags darauf lade ich – einen fadenscheinigen Grund vorschützend – eine Freundin, ihres Zeichens Teppichliebhaberin, ein, mich doch zu besuchen. Möglichst unauffällig versuche ich, das Gespräch in die gewünschte Richtung zu lenken:

»Findest du nicht auch, dass mein Teppich jetzt eine ganz neue Bedeutung bekommen hat?«

»Dein Teppich? Welcher Teppich denn?«

»Na, der blaue Teppich, der im Atelier liegt.«

»Ach, der Teppich. Den hast du doch jetzt schon gut zehn Jahre!«

»Ja, aber du hast ihn schon lange nicht mehr richtig angeschaut. Wirf doch mal einen Blick drauf und sag mir, ob dir etwas auffällt.«

Sie kniet sich vor den Teppich, mustert ihn aus nächster Nähe. Keinerlei Reaktion.

»Gut, das hier ist eine Ansicht von New York, und mir ist bewusst, dass im Radio und im Fernsehen seit zwei Tagen über nichts anderes berichtet wird als über die jüngsten Ereignisse dort. Trotzdem verstehe ich nicht recht, worauf du hinauswillst.«

»Nun gut, wenn du nicht von selber draufkommst, helfe ich dir ein wenig auf die Sprünge. Es ist doch ganz eindeutig: Was du hier siehst, ist eine bildliche Darstellung der Anschläge.«

»Jetzt übertreibst du ein bisschen! Das ist schlicht und einfach eine Darstellung der berühmtesten Brücke der Welt in einer der berühmtesten Städte der Welt, und über der schweben zufällig ein paar Flugzeuge am Himmel. Schluss, aus! Wie kommst du nur auf diese komischen Ideen?«

»Wenn du mir nicht glauben willst, von mir aus. Aber wenn du genau hinsiehst, erkennst du, dass die Abbildung der beiden Türme des World Trade Centers genau den Bildern von den Anschlägen entspricht. Da, der brennende Turm, die weißen Schriftzeichen stellen die Rauchsäule dar, die vom Nordturm aufsteigt, die Lage der Brücke, die Flugzeuge am Himmel …«

»Also, entschuldige bitte, möglicherweise siehst du das ja alles, aber ich kann dir da nicht folgen.«

Ich seufze. Dann meint sie:

»Bist du momentan vielleicht ein bisschen überarbeitet? Schläfst du gut?«

Sofort unterbreche ich sie mit einer Handbewegung.

»Ich kann dir versichern, es geht mir glänzend. Ich bin weder plötzlich übergeschnappt noch leide ich an Schlafstörungen. Meine Interpretation des Teppichs ist nicht dem Hirn eines armen Irren entsprungen. Ich bin im Vollbesitz meiner geistigen Kräfte, und aus genau diesem Grund erkenne ich die Verbindung zwischen meinem Teppich und dem, was am 11. September passiert ist.«

»Schon gut, schon gut, ich will mich nicht mit dir streiten. Wolltest du mich sehen, um mir das zu sagen?«

»Natürlich! Wieso denkst du, dass das nicht genügt? Wenn ich recht haben sollte, dann ist diese Information möglicherweise von größter Wichtigkeit für die Geheimdienste, den CIA und was weiß ich für wen!«

»Ach komm, wo denkst du bloß hin! Lass uns von was anderem reden. Möchtest du nicht ein bisschen raus an die frische Luft? Oder vielleicht ins Kino?«

Szenen wie diese wiederholen sich in der Woche nach dem 11. September noch öfter: Ich bitte ein paar Freunde, mich zu besuchen, zeige ihnen den Teppich, frage sie um ihre Meinung … Und ihre Reaktion ist stets die gleiche: Skepsis und Spott. Selbst wenn ich sie im wahrsten Sinn des Wortes mit der Nase auf den Teppich stoße – zwecklos. Sie sehen einfach nicht, was ich sehe. Ich rede mir ein, es liege nur daran, dass sie nicht wie ich gleichzeitig die Fernsehaufnahmen vom Angriff auf den Nordturm und die Szenerie auf dem Teppich gesehen haben, dass sie nicht wie ich diese identischen Bilder nebeneinander vor Augen hatten.

Dennoch lasse ich mich von der Verständnislosigkeit meiner Umwelt nicht beirren. Meine Überzeugung steht fest: Dieser Teppich birgt ein Geheimnis.

Kapitel 4
Der 11. September in meinem Wohnzimmer

Mit jedem Tag, der vergeht, verstehe ich – so wie wir alle – ein bisschen besser, was da am 11. September in New York vor sich ging. Und unweigerlich bringe ich jede neue Information mit meinem Teppich in Verbindung. Zwischen den Anschlägen in den Vereinigten Staaten und meinem Teppich gibt es einen Zusammenhang. Auch wenn dieser Zusammenhang im Moment noch im Dunkeln liegt und schwer nachvollziehbar ist, so weiß ich doch im Innersten, dass er existiert. Ich muss nur herausfinden, welcher Art er ist.

Rekapitulieren wir noch einmal die Fakten. Am Morgen des 11. September 2001, ein Dienstag, entführen mehrere Terroristen vier Linienmaschinen und lassen sie an für die Vereinigten Staaten symbolischen Gebäuden zerschellen. Zwei der entführten Maschinen, mit Flugziel Los Angeles, werden nach New York umgeleitet und in die Twin Towers gelenkt. Weniger als zwei Stunden nach dem Aufprall stürzen die beiden über 400 Meter hohen Gebäude ein. Die dritte Maschine stürzt in Washington über dem Pentagon ab, dem Sitz des US-Verteidigungsministeriums. Die vierte Maschine, der berühmte Flug 93 der United Airlines, stürzt auf freiem Feld südöstlich von Pittsburgh, Pennsylvania, ab, nachdem Besatzung und Passagiere heldenhaft versucht hatten, die Maschine wieder unter ihre Kontrolle zu bringen.

Die Anschläge dauerten weniger als zwei Stunden, die Flugzeugentführungen weniger als eine Dreiviertelstunde, wobei es den Abfangjägern der amerikanischen Luftwaffe nicht gelang, die entführten Maschinen vor dem Aufprall abzudrängen. Nur etwa 20 Menschen überlebten den Einsturz der Türme von Manhattan.

Unter den 2977 Opfern sind, neben den Terroristen, die Passagiere und die Besatzungsmitglieder der vier Flugzeuge sowie über zweitausend Personen, die sich in den Twin Towers aufhielten, mehr als dreihundert New Yorker Feuerwehrleute, Polizisten und über hundert zivile und militärische Mitarbeiter des Pentagon.

Sehr bald ist klar – was später von der Untersuchungskommission zu den Anschlägen des 11. September bestätigt wird –, dass die Anschläge von Mitgliedern des Terrornetzwerks al-Qaida begangen wurden. Geldgeber der Aktion ist Osama bin Laden, Chefplaner Khalid Scheich Mohammed, der für die militärischen Aktionen von al-Qaida verantwortlich ist. 2003 wird er in Pakistan festgenommen. Khalid Scheich Mohammed ist seit 2003 in Guantánamo inhaftiert. Im Mai 2002 erklärt er in einem Interview mit dem in Katar ansässigen Fernsehsender Al-Dschasira, das im darauffolgenden September ausgestrahlt wird, er sei für die logistische Organisation der Anschläge zuständig gewesen. Er bekennt sich schuldig und wartet auf seinen Prozess vor einer Militärkommission in Guantánamo. Der Prozess, der eine Zeit lang ausgesetzt war, wird 2012 wieder aufgenommen.

Doch was haben diese Tragödie, die Tausende von Menschen das Leben gekostet hat, und eine islamistische Vereinigung, die ihre Forderungen mit Terroranschlägen durchzusetzen sucht, mit meinem Teppich zu tun? Je länger ich ihn betrachte, desto deutlicher spüre ich, dass er ein Geheimnis birgt, ein dunkles Rätsel, das ich lösen muss. Mir wird klar, dass ich mich mit der Darstellung auf dem Teppich eingehend beschäftigen muss, wenn ich wissen will, was hinter all diesen Rätseln steckt.

Kapitel 5

New York, Kabul, Canberra 2001–2006

So verstreicht Tag um Tag. Ich kann nicht aufhören, mir das Gehirn zu zermartern. Zu Hause verbringe ich den Großteil meiner Zeit in meinem Arbeitszimmer, den Teppich immer neben mir. Als dürfe ich mich nicht von ihm trennen, mich nicht einmal ein paar Meter von ihm entfernen. Dieses Rätsel treibt mich um. Ich weiß, ich werde nicht eher Ruhe finden, bis ich das Geheimnis des Teppichs gelöst habe.

Meine Überzeugung steht fest und ist auch durch die Skepsis nicht zu erschüttern, die meine Geschichte bei allen Leuten auslöst, die ich um ihre Meinung bitte. Vielleicht ist es ja gerade diese Ablehnung, die mich in meiner Haltung bestärkt und die Energie, die ich plötzlich entfalte, um hinter die Wahrheit zu kommen, verzehnfacht.

In dieser Phase meines Lebens hält mich mein Beruf als Innenarchitekt ziemlich auf Trab. Ich arbeite viel und verbringe meine Zeit entweder im Auto, weil ich wegen einer Besprechung zu einer Baustelle in den Alpen oder sonst wo fahren muss, oder vor meinem Zeichentisch, um Wohnungseinrichtungen zu entwerfen. Meine freie Zeit ist recht knapp bemessen, und die wenige, die mir bleibt, widme ich den Recherchen über den Teppich.

Bei einem Besuch bitte ich Frédéric, einen Freund von mir, der Arabisch spricht, die Schriftzeichen auf dem Teppich für mich zu entziffern. Er reagiert ein bisschen verwundert, fragt aber nicht weiter nach. Wohl auch, weil er es ziemlich eilig hat und schnell wieder wegwill. Er muss anschließend zu einer geschäftlichen Besprechung. Ohne lange überlegen zu müssen, sagt er mir, der beigefarbene Schriftzug sei die Zahl 1369. Ich sehe ihn mit großen Augen an. Eine Jahreszahl nach dem iranisch-afghanischen Kalender! »Du musst nur im Internet suchen, welchem Datum das nach unserem Kalender entspricht.« Und husch, weg ist er.

Tatsächlich finde ich eine Kalenderkonkordanz und erfahre, dass die Jahresangabe 1369 dem Zeitraum vom 21. März 1990 bis zum 21. März 1991 entspricht. Ich beschließe, mir mehr Material über afghanische Teppiche zu beschaffen. Diese ersten Recherchen bestärken meinen anfänglichen Eindruck. Doch erst einige Jahre später, als mein Terminplan mir mehr Zeit lässt, befasse ich mich gründlicher mit diesem Thema. Schließlich treffe ich die Entscheidung, mich voll und ganz den Recherchen zu widmen.

Als Erstes brauche ich Gewissheit, was die bildliche Darstellung auf dem Teppich angeht. Handelt es sich tatsächlich um eine Ansicht von New York, wie der Teppichhändler und auch ich dachten? Um ganz sicherzugehen, wende ich mich an einen Fachmann, einen ausgewiesenen Spezialisten von internationalem Ruf: Philippe Emir vom Teppichhaus Emir in Lyon. Seine Familie begutachtet und verkauft Teppiche mittlerweile in der dritten Generation. Monsieur Emir besitzt, wie er mir erklärt, fünfunddreißig Jahre Erfahrung mit Orientteppichen, und er kennt sich auch mit afghanischen Kriegsteppichen aus. Per Mail schicke ich ihm eine Fotografie des Teppichs zu. Freundlicherweise erklärt er sich bereit, bei meinem Ratespiel, welches Motiv auf dem Teppich abgebildet ist, mitzumachen. Monsieur Emir hält sich regelmäßig in New York auf und erkennt auf Anhieb die Brooklyn Bridge wieder, ohne dass ich ihm meine Ideen diesbezüglich unterbreiten muss. Später unterzieht er den Teppich einer eingehenden Prüfung, die seinen ersten Eindruck bestätigt. Die Abbildung zeigt New York und die Skyline von Manhattan, daran gibt es keinen Zweifel.

Methodisch beginne ich nun mit den Nachforschungen im Internet. Ich mache mir einen Kaffee, lege zur Entspannung klassische Musik auf und setze mich vor meinen Computer. Beim

Herumsurfen im Netz lande ich auf der Website der Universität Canberra, die 2004 ein Forschungsprojekt zu afghanischen Teppichen ins Leben gerufen hat. Diesem Projekt, an dem zwei Wissenschaftler in der australischen Hauptstadt gearbeitet haben, verdanke ich die ersten Aufschlüsse über meinen Teppich. Es ist, als zeige sich plötzlich ein Silberstreif am Horizont. Endlich!

Aus einer Studie der beiden erfahre ich weiter, dass in den Neunzigerjahren – wie auch heute noch – Ansichtskarten oder Bilder aus afghanischen beziehungsweise pakistanischen Kalendern als Vorlage für jene afghanischen Teppiche dienten, die zeitgenössische Stadtansichten zeigen. Uns im Westen mag das vielleicht seltsam vorkommen, aber 1990/1991 besteht der Kunstunterricht in Kabul im Wesentlichen darin, fotografische Vorlagen zu kopieren. Wie etwa am Zentrum für Zeitgenössische Kunst Afghanistan, wo die Schüler – übrigens nur Jungen – unter dem wachsamen Auge ihres Lehrers Fotos so exakt wie möglich abmalen. Ob am Fachbereich Kunst der Universitäten von Kabul und Herat oder an einer der wenigen Privatschulen Afghanistans, der einzige Stil, der dort unterrichtet wird, ist der Realismus. Das Können eines Künstlers wird an der Genauigkeit gemessen, mit der er eine fotografische Vorlage zu kopieren vermag.

Eine Lehrmethode wie diese, die seit Jahren an den Kunstschulen praktiziert wird, dürfte der Kreativität der afghanischen Künstler wohl kaum förderlich sein …

Die für mich wichtigste Erkenntnis aber ist, dass vermutlich eine Fotografie oder eine Postkarte existiert, die New York aus demselben Blickwinkel zeigt wie auf dem Teppich dargestellt: Derjenige, der meinen Teppich gewebt hat, hat diese zweifellos als Vorlage genommen. Da der Teppichweber Manhattan stilisiert dargestellt hat, muss ich die Originalvorlage finden: Hier liegt ganz sicher der Schlüssel zum ganzen Geheimnis. Sobald ich diese Vorlage gefunden habe, kann ich beweisen, dass die Position der Twin Towers in der Realität exakt dieselbe ist wie in der Abbildung auf dem Teppich und dass es sich folglich bei dem weißen Schriftzug sehr wohl um eine Darstellung des brennenden Nordturms handelt.

New York, Afghanistan, jetzt Canberra … Meine Recherchen ziehen sich bereits um den ganzen Globus, doch am Ziel bin ich noch lange nicht.

Ich schaue auf die Uhr: schon reichlich spät. Fast den gesamten Nachmittag und Abend habe ich vor dem Computer verbracht. Mein morgiges Etappenziel steht fest: die besagte Postkarte finden.

Gleich am nächsten Morgen mache ich mich auf die Suche nach der Fotografie, die für meinen Teppich sozusagen Modell gestanden hat. Denn wenn diese Aufnahme den über 10 800 Kilometer langen Weg von New York nach Afghanistan gefunden hat und damit fast um die halbe Welt gereist ist, ist es doch immerhin möglich, dass ein Exemplar dieses Fotos auch den Weg nach Frankreich gefunden hat. Konnte sich ein Teppichweber in Afghanistan eine Aufnahme von Manhattan beschaffen, besteht auch eine gewisse Wahrscheinlichkeit, dass ich hier in Frankreich wenn nicht die gleiche, so doch zumindest eine sehr ähnliche Ansicht auftreibe.

Ich kenne mehrere Buchhandlungen, die auch Künstlerfotos, Grafiken und Plakate verkaufen. Dort finde ich sicher auch Ansichten von New York. Mehrere Tage lang durchstreife ich die Straßen meiner Heimatstadt, gehe in jede Buchhandlung, jede Bilderhandlung, jedes Rahmengeschäft und jeden Laden, der sonst noch infrage kommen könnte. Ich schaue alle Poster an, durchstöbere sämtliche Kartenständer. Doch nicht die geringste Spur von »meiner« Ansicht von New York. »Grüße von hier«, »Grüße von da«, »Sehenswürdigkeiten von irgendwo«, »Sind im sonnigen …« Irgendwann reicht es mir. Müde gehe ich nach Hause. Am liebsten würde ich alles hinwerfen. Ich rolle mich auf dem Sofa vor meinem Teppich zusammen, der – an diesem Abend vielleicht noch mehr als sonst – eine ständige Herausforderung für mich geworden ist.

Aber schließlich raffe ich mich doch wieder auf und setze mich an meinen Computer. Ich rufe eine Suchmaschine auf und schon erscheinen auf meinem Monitor Dutzende und Aberdutzende Aufnahmen der Brooklyn Bridge: Ansichten von Westen, von Osten, bei Tag, bei Nacht, rosarot oder blau getönt, von fern und von nah – für jeden Geschmack etwas.

Unter all den Treffern finde ich endlich, was ich gesucht habe: Da ist mein Foto (siehe Abb. 3, Bildteil)! Kein Zweifel. Der Blickwinkel ist derselbe, die Art, wie die Brücke ins Bild gesetzt ist, die Position der Brückenpfeiler, der Winkel der Tragseile, die Proportionen – alles passt zusammen. Geht man vom Foto und der Geografie Manhattans aus, so entspricht die rechte Bildseite des Teppichs dem Norden, die linke dem Süden, während der Blick des Betrachters auf dem Teppich wie auf dem Foto nach Westsüdwest geht.

Nun muss ich nur noch den exakten Standpunkt bestimmen, von dem aus der Fotograf diese Aufnahme gemacht hat. Aber wie? Mittels der GPS-Daten. Die bestimme ich mit Google Earth. Die Position: 40° 42' 15" Nord, 73° 59' 15" West, Höhe 58 Meter oder 193 Fuß. Am Ende finde ich sogar eine Seite, wo ich einen großformatigen Abzug der Aufnahme bestellen kann, was ich auch tue. Jetzt heißt es nur noch warten …

Kapitel 6

Ein Bild spricht Bände

Mehrere Tage muss ich mich gedulden, bis ich endlich »meinen« Abzug zugeschickt bekomme. Es ist kaum auszuhalten. Um mir die Wartezeit zu verkürzen, beschließe ich, mich über die Brooklyn Bridge ein bisschen schlauzumachen, und kaufe mir zu diesem Zweck einen Reiseführer von New York.

Auf der Brooklyn Bridge liegt ein Fluch. Die Brücke ist nicht nur die älteste und zu ihrer Zeit auch die längste Hängebrücke der Vereinigten Staaten und der Welt, sie dürfte auch jene Ingenieursleistung sein, die die meisten Unglücksfälle verursacht hat.

Vierzehn Jahre, von 1869 bis 1883, dauern die Bauarbeiten, bei denen schätzungsweise 27 Menschen den Tod finden. Erstes Opfer ist der Konstrukteur selbst, ein gewisser John Augustus Roebling aus New Jersey, der bereits mehrere kleinere Hängebrücken in Texas und Cincinnati gebaut hat. Nur wenige Tage nach Beginn der Arbeiten zieht er sich bei einem Unfall auf der Baustelle eine schwere Verletzung am Bein zu und stirbt zwei Wochen später an Wundstarrkrampf. Daraufhin übernimmt sein Sohn Washington August Roebling die Leitung der Bauarbeiten. Doch auch ihn ereilt das Schicksal: Er steigt aus einem der zum Pfeilerbau verwendeten neuartigen Senkkästen zu schnell nach oben und wird Opfer der Taucherkrankheit. Fortan ist er gelähmt und ans Haus gebunden. Von einer Wohnung in der Nähe der Baustelle aus beobachtet er den Fortschritt der Bauarbeiten mit dem Fernglas. Seine Frau Emily Warren Roebling gibt nun als Bauleiterin seine Instruktionen an die Arbeiter weiter.

Aber auch die Arbeiter trifft es schwer. Fundamente und Pfeiler werden nach dem damals neuen Caisson-Verfahren errichtet. Dabei wird eine Holzkonstruktion, die an eine umgedrehte

Vase erinnert, mit Granit beschwert und ins Wasser abgesenkt. In diesen Senkkasten wird dann Druckluft geleitet, um das Wasser zu verdrängen und die Kammer trockenzulegen. Anschließend steigen die Bauarbeiter in die Kammer und tragen den weichen Untergrund ab. Da sie aber in Tiefen von bis zu fünfunddreißig Metern arbeiten und ohne Dekompressionskammern wieder aufsteigen müssen, kommt es immer wieder zu Unfällen.

Ein anderer, freilich nicht ganz so gravierender Umstand ist, dass die gelieferten Stahlseile nicht die geforderte Zugfestigkeit aufweisen. Dieses Manko kann allerdings behoben werden, weil der Konstrukteur klug genug war, die Stahltrossen für die sechsfache maximale Belastung auszulegen.

Irgendwie kann ich nicht anders, als in all dem Unheil, das den Bau der Brücke begleitete, einen Vorläufer der unvergleichlich größeren Tragödie, die Manhattan mehr als hundert Jahre später treffen sollte, zu sehen. Woran meine Interpretation der Darstellung auf dem Teppich sicher nicht ganz unschuldig ist.

Eine Woche ist mittlerweile vergangen, seit ich meine Bestellung abgeschickt habe und jeden Tag ungeduldig auf den Postboten warte. Endlich sehe ich ihn mit einer großen Versandrolle. Kaum habe ich sie in Händen, reiße ich sie hektisch auf und rolle das Foto auseinander. Fast zittern mir die Hände dabei. Ich lege den Abzug neben den Teppich auf den Boden. Die Ähnlichkeit ist verblüffend, mir verschlägt es schier den Atem. Es ist ganz exakt diese Ansicht! Die Brücke, die Brückenpfeiler, die Drahtseile, der Fluss unter der Brücke, die Gebäude links, alles ist genau an derselben Stelle und weist ganz ähnliche Proportionen auf (siehe Abb. 2 und 3, Bildteil).

Zweifellos ist es dieses Foto, das auf wer weiß welch verschlungenen Pfaden nach Afghanistan gelangte und dem Weber meines Teppichs als Vorlage diente. Woher er es wohl hatte? Eine Postkarte, die ein in die Vereinigten Staaten ausgewanderter afghanischer Cousin nach Hause schrieb? Ein Bild aus einer Zeitschrift?

Ich verbringe den Rest des Tages damit, abwechselnd das Foto und meinen Teppich zu studieren und die beiden miteinander zu vergleichen. Schnell fällt mir ein ziemlich beunruhigendes Detail auf: Der Fotograf kann die Aufnahme nur von einem erhöhten Punkt in Brooklyn aus gemacht haben, der zwischen der Manhattan Bridge und der Brooklyn Bridge liegt, anders gesagt weist seine Blickachse nach Südsüdwest. Von diesem Winkel aus betrachtet befindet sich der beigefarbene Schriftzug des Teppichs genau dort, wo bis zum 11. September 2001, 9 Uhr 58 amerikanischer Zeit, der Südturm des World Trade Centers aufragte. Diesem entspricht er in Höhe und Proportion.

Der weiße Schriftzug rechts davon wiederum ist genau dort, wo eigentlich der Nordturm des World Trade Centers hätte stehen müssen – oder wo er zumindest bis zu jenem 11. September 2001 stand, ehe er dreißig Minuten nach seinem Zwillingsbruder um 10 Uhr 28 einstürzte.

Mein Befund wird zudem durch die beiden Brückenpfeiler im Vordergrund erhärtet, die mir zwei zusätzliche Orientierungspunkte geben. Dabei fällt mir noch ein weiteres unerklärliches Detail auf. Die Brücke auf dem Teppich besitzt einen dritten Pfeiler, der am rechten Bildrand parallel zur senkrechten Bordüre verläuft, und das ist ein Pfeiler mehr, als die Brooklyn Bridge in Wirklichkeit hat. Warum weicht die Darstellung vom Original ab? Diese neue Entdeckung macht mich ratlos. Ich mache mir einen Kaffee und blicke aus dem Fenster zu den Wolken hinaus: in der Hoffnung, dort eine Antwort auf meine Fragen zu finden?

Beim Betrachten des Bildes ist mir durchaus bewusst, dass ich einen bestimmten optischen Effekt, der sich bei einer Aufnahme wie dieser von der Skyline von Manhattan bemerkbar macht, nicht ignorieren darf. Je nach verwendetem Objektiv verändern sich nämlich die Proportionen der Twin Towers im Hintergrund im Vergleich zur Uferzone Manhattans mit dem East River im Vordergrund. Bei Verwendung eines Objektivs mit einer kurzen

Brennweite, wie etwa eines 35-mm-Weitwinkels, wirken die Türme im Vergleich zur Uferzone kleiner. Nimmt der Fotograf dagegen ein Objektiv längerer Brennweite wie etwa ein 100-mm-Tele, wirken die Türme größer und die Uferzone kleiner. Dieser Effekt spielt aber keine Rolle, was die Beurteilung der Größenverhältnisse des weißen und des beigefarbenen Schriftzugs auf dem Teppich und der realen Türme betrifft, die mehr oder weniger identisch sind.

Als ich den Teppich kaufte und im Laufe all der Monate und Jahre, die er vor meinen Augen in meinem Wohnzimmer lag, lösten die Abbildung und die Schriftzüge weder bei mir noch bei irgendjemandem, dem ich den Teppich gezeigt habe – meinen Freunden, meiner Familie, meinen Eltern –, irgendwelche Assoziationen aus. Zehn Jahre vor dem 11. September gab es keinen Anlass, diese Szene mit irgendeinem Ereignis oder einem Bild, das jedem vor Augen stand, in Verbindung zu bringen. 1991 konnte sich einfach niemand vorstellen, dass der weiße Schriftzug auch eine Rauchsäule hätte darstellen können, die mitten in Manhattan einen Wolkenkratzer umhüllt, neben dem ein zweiter, noch unbeschädigter Wolkenkratzer steht.

Dies änderte sich schlagartig mit dem 11. September 2001, als die ersten Berichte über den brennenden Nordturm über meinen Bildschirm flimmerten. Unter dem Eindruck dieser Aufnahmen veränderte sich meine Wahrnehmung und ließ mich in den beiden Schriftzügen eine Darstellung der Folgen des Anschlags auf den Nordturm sowie des unbeschädigten Südturms erkennen.

Nachdem ich nun die fotografische Vorlage für den Teppich entdeckt und auch sonst einige wichtige Punkte geklärt habe, stellt sich bei mir das Gefühl ein, einen großen Schritt vorwärtsgekommen zu sein. Jetzt muss ich nur noch herausfinden, was der braune und der weiße Schriftzug heißen könnte (den beigefarbenen hat mein Freund ja bereits übersetzt), der jeweils die Position der Twin Towers einnimmt. Was mag er wohl bedeuten?

Eine verschlüsselte Botschaft? Anweisungen für die Terroristen? Verse aus dem Koran? Verwünschungen gegen den Westen? Die aberwitzigsten Ideen irrlichtern durch meinen Kopf.

Kapitel 7

Das Rätsel des weißen Schriftzugs und der narrativen Darstellung

Die Zeit vergeht, und mein Beruf nimmt mich so sehr in Anspruch, dass ich mich dem Geheimnis des Teppichs nicht so widmen kann, wie ich es möchte. Ich komme nicht so schnell vorwärts, wie ich mir das vorgestellt hatte, aber was soll's! Stück für Stück, Schritt um Schritt trage ich die Bausteine zusammen, die meine ursprünglichen Vermutungen zu Belegen verdichten.

Zahllose Internetrecherchen liefern mir umfängliche Hinweise, und um meine Kenntnisse zu vertiefen, suche ich darüber hinaus nach einschlägigen Büchern. Dazu begebe ich mich in eine Buchhandlung, die ich gut kenne. Ich weiß, dass ich dort auch seltene, schwer zu beschaffende Bücher zu ein wenig entlegenen Themen bestellen kann.

»Guten Tag, ich suche Bücher über Teppiche, vor allem solche, die in Afghanistan hergestellt wurden.«

Natürlich garniere ich mein Ansinnen mit ein paar Komplimenten, um die Buchhändlerin zu motivieren:

»Die sind gar nicht so leicht zu finden, aber Sie haben ja schon mehr als einmal wahre Wunder vollbracht.«

»Nun ja, versprechen kann ich Ihnen nichts, aber ich werde sehen, was sich machen lässt. Haben Sie einen Titel oder den Namen eines Autors?«

»Ja, ein paar hätte ich da schon.«

Ich halte ihr eine Liste mit Namen unter die Nase, die ich auf ein Blatt Papier gekritzelt habe.

»Aha.«

Ich merke ihr die Überraschung an. Sie findet es wohl ungewöhnlich, dass ich mich plötzlich für afghanische Teppiche interessiere. Ich habe hier schon mehrere Bücher bestellt, meist Literatur oder Schulbücher, Bücher über Design und Architektur, aber noch nie etwas über Teppiche … Höflich, wie sie ist, fragt sie nicht nach. Möglicherweise meint sie ja, dass ich gesprächiger sein werde, wenn ich komme, um die Bücher abzuholen …

Sie nimmt meine Liste genauer in Augenschein.

»Ich kann Ihnen im Moment nicht sagen, ob ich die alle bekommen kann. Dazu muss ich erst in der Datenbank nachsehen. Kommen Sie doch in einer Woche noch mal vorbei.«

»Wunderbar. Vielen Dank für Ihre Mühe.«

Doch bevor ich die Buchhandlung verlasse, überkommt es mich doch. Ich drehe mich noch einmal um und füge hinzu:

»Das ist sehr wichtig für mich, wissen Sie.«

»Ich verstehe. Keine Sorge, ich werde mein Möglichstes tun.«

»Danke. Ich komme also in einer Woche wieder.«

Kaum stehe ich wieder draußen auf der Straße, bedauere ich, so drängend gewesen zu sein. Dieses plötzliche Interesse an Teppichen muss doch ein wenig merkwürdig wirken. Ich wische meine Bedenken beiseite. Denn die Wahrheit könnte ich der Dame ja doch nicht sagen: Zunächst einmal würde auch sie mir wohl kaum glauben. Zum anderen könnte ich mich möglicherweise selbst gefährden. Als mir dieser Gedanke durch den Kopf schießt, gehe ich schleunigst auf spöttische Distanz zu mir selbst: Bin ich denn schon völlig paranoid?

Und wieder vergeht eine Woche. Warten zu müssen, ohne die Sache auch nur im Geringsten ein wenig beschleunigen zu können, ist wirklich nervtötend.

Am vereinbarten Tag stoße ich erneut die Tür der Buchhandlung auf. Die Buchhändlerin sieht mich, lächelt mir zu und winkt mich zu sich heran. Das Lächeln scheint zumindest ein gutes Zeichen zu sein.

»Haben Sie denn die Bücher auf meiner Liste bekommen?«

»Fast alle bis auf eines.«

Ihr Lächeln signalisiert Triumph.

»Es war wirklich nicht einfach, wissen Sie. Das sind ja durchweg wissenschaftliche Titel mit sehr geringer Auflage, die quasi nur unter der Hand weitergegeben werden.«

»Aber doch hoffentlich nicht bloß unterm Ladentisch angeboten werden, oder?«

Sie lacht.

»Na ja, ganz falsch liegen Sie damit nicht.«

Sie schiebt mir einen Stapel Bücher hin. Beinahe schon ungeduldig zücke ich die Börse. Ich will meine Beute schnellstmöglich nach Hause schleppen und auswerten. Die Buchhändlerin würde mir gern ein paar Fragen stellen, das spüre ich. Sie ist neugierig geworden. Um erst gar nicht in die Verlegenheit zu kommen, irgendetwas erzählen zu müssen, weiche ich ihrem Blick aus und lese scheinbar konzentriert den Text auf dem Umschlag des Buches, das ganz oben liegt.

»Wie viel macht das?«

Sie nennt eine Summe, ich bezahle und verlasse die Buchhandlung, so schnell es geht, die kostbare Fracht im Arm.

Dies ist der Auftakt zu einigen Monaten intensiver Lektüre.

Als Erstes erfahre ich, dass mein Teppich zu einer Gattung mit einem eigenen Namen gehört, nämlich zu den »Kriegsteppichen«. Das hört sich zunächst einmal eher banal an, doch dahinter verbergen sich allerlei Informationen, die zum Teil künstlerischer, zum Teil politischer und geostrategischer Natur sind.

In gestalterischer Hinsicht bedeutet die Zugehörigkeit zu dieser Kategorie, dass afghanische Kriegsteppiche sich einer bestimmten Art der Präsentation bei der Darstellung ihrer Inhalte bedienen: der erzählenden Darstellung oder narrativen Figuration. Letzterer Begriff bezeichnet auch eine künstlerische Bewegung der Sechzigerjahre. Im Allgemeinen aber ist damit eine Reihe von grafischen Techniken gemeint, die erzählerischen Charakter haben. Einigen Gelehrten zufolge liegen die Ursprünge dieser Technik in der Antike. Was aber versteht man unter »erzählender Darstellung«? Nun ja, man ordnet die Bildelemente so an, dass sie eine Geschichte ergeben. Wer immer das Bild betrachtet (das auch aus Textelementen bestehen kann), wird über einen ereignishaften Ablauf informiert. Comicstrips funktionieren ebenfalls nach diesem Prinzip, aber auch Kinoplakate oder Cartoons.

Diese Entdeckung bringt mich beim Entschlüsseln des Teppichs einen großen Schritt weiter. Zwei wenig verbreitete grafische Stilmittel verhindern jedoch eine allzu einfache Interpretation des Teppichs und stellen die Schriftzüge über der Brücke und zwei weitere Motive in einen komplexeren Zusammenhang. Das eine wird im Westen nur selten angewendet und ist auch im Osten nicht mehr so verbreitet wie früher: die expressive Typografie. Das andere gehört zu den Kunstgriffen der erzählenden Bildgestaltung: die Simultandarstellung.

Auf einen Schlag ist mir klar, dass die Kombination dieser beiden Stilmittel es erlaubt, die Eckdaten eines geplanten Attentats zu übermitteln: das Wo, das Was und das Wie.

Doch beschäftigen wir uns zuerst einmal mit der expressiven Typografie. Was versteht man darunter? Dabei setzt man typografische Elemente, also Text, ein, um Gegenstände oder Symbole darzustellen. Anders ausgedrückt, man ordnet Buchstaben oder Schriftzeichen frei an, um ein Bild zu gestalten oder einen symbolischen Gehalt auszudrücken. Kalligrafen in China, Persien und Arabien nutzen diese Technik seit vielen hundert Jahren. In der westlichen Welt dagegen wird sie erst seit dem Ende des 19. Jahrhunderts eingesetzt, und meist bei Illustrationen. Da diese Technik selten und vergleichsweise anspruchsvoll ist, lässt sie natürlich einen breiten Spielraum für Interpretationen.

Wie Monsieur Jourdain in Molières Komödie ›Der Bürger als Edelmann‹ Prosa verfasste, ohne es zu merken, so haben wir sicher schon des Öfteren Beispiele für expressive Typografie gesehen, ohne uns dessen bewusst zu sein. Ein Beispiel? Der Schriftzug »Manhattan« auf dem berühmten Filmplakat zu Woody Allens gleichnamigem Film von 1979. Die Lettern des Schriftzuges sind Druckbuchstaben, die schwarz auf weiß auf einer Linie angeordnet sind. Eigentlich ganz normal. Doch auf die drei »A« wurden die Silhouetten der bekannten neoklassizistischen Wolkenkratzer aufgesetzt, die für Manhattan so typisch sind: die sogenannten »Manhattan-Tops«. Nach demselben Prinzip sind die beiden Balken des »H« in die Höhe gezogen, so dass sie die Silhouette der Zwillingstürme des World Trade Centers nachbilden.

Ich habe also entdeckt, dass die Schriftzüge oberhalb der Brücke so gestaltet wurden, dass sie nicht nur als Schrift zu lesen sind, sondern auch als bildhaftes Element. Mit dem Stilmittel der expressiven Typografie.

Zehn Jahre nach Erwerb dieses blauen Teppichs zeigt sich somit, dass darauf etwas dargestellt ist, das auf beunruhigende Weise an die Zeit zwischen dem Angriff auf den ersten und dem auf den zweiten Zwillingsturm am 11. September 2001 erinnert. Und ich stehe erst am Anfang dieser fantastischen Geschichte, denn ich werde noch weitere Elemente aufdecken, die ebenso außergewöhnlich erscheinen.

Kapitel 8
Zehn Flugzeuge am Himmel

Seit ein paar Tagen schon steckt meine Nase kaum einmal woanders als in den neu erworbenen Büchern oder im Internet. Denn es harren noch weitere spannende Details der Entdeckung.

Diese Woche habe ich beruflich ein wenig Luft, ich muss zumindest nicht auf irgendwelche Baustellen. Und so versuche ich, die Bedeutung der Flugzeuge im oberen Teil des Teppichs zu entschlüsseln. Wieder einmal verbringe ich eine Woche lang allein in meinem Wohnzimmer mit der Aufstellung neuer Hypothesen.

Im oberen Teil des Teppichs schweben zehn Flugzeuge über der Stadt. Doch nicht alle Flugzeuge sind gleich in der Ausführung. Die beiden roten ganz links an der Bordüre sind übereinander angeordnet und nicht, wie die acht anderen, nebeneinander. Außerdem tragen sie beide ein viereckiges »Wappen«, blau mit weißem Rand, auf dem Rumpf. Weiter vorne findet sich eine doppelte weiße Zackenlinie, während die anderen acht Flugzeuge je drei »Fenster« aufweisen, meist weiß, und nur eine schwarze Zackenlinie.

Und wenn nun diese beiden Flugzeuge, die von den anderen verschieden sind, die beiden Kamikazemaschinen darstellen sollen, die sich in die Türme des World Trade Centers bohrten? Diese beiden Elemente deuten jedenfalls in dieselbe Richtung wie die expressive Typografie, die ich wenige Tage zuvor entschlüsselt habe.

Einen Haken hat diese Interpretation allerdings: Es wäre unlogisch, die beiden Flugzeuge in der Luft darzustellen, während gleichzeitig der Nordturm in Flammen steht. Das widerspräche dem zeitlichen Ablauf der Ereignisse: Eines der beiden Flugzeuge mit dem blauen Wappen, die am Bildrand gezeigt werden, müsste doch schon in den Nordturm gerast sein, da dieser bereits in Flammen steht und hinter einer weißen Wolke verschwindet – dem weißen Schriftzug. Und wenn der Nordturm bereits von einem Flugzeug getroffen ist, kann sich folglich diese Maschine nicht mehr am Himmel befinden. Doch auf dem Teppich schweben die beiden Flugzeuge mit dem blauen Viereck einträchtig übereinander.

Dieser scheinbare Widerspruch aber lässt sich mit dem Stilmittel der Simultandarstellung gut erklären. Bei der Simultandarstellung werden nacheinander stattfindende Ereignisse nebeneinander wiedergegeben – ohne Rücksicht auf die tatsächliche zeitliche Abfolge. Dieses Prinzip finden wir im Theater der griechischen Antike, aber auch im europäischen Mittelalter.

Lesen wir unseren Teppich auf diese Weise, wird alles sonnenklar. In der ersten Phase des Geschehens steuert das Flugzeug zusammen mit seinem Gegenstück auf das Ziel zu. Dann kommt der Aufprall, der Turm geht in Flammen auf. Das ist die zweite Phase, die auf dem Teppich nicht repräsentiert ist. Sie ist indirekt in der dritten Phase enthalten, die aus dem Bildinventar des Teppichs abzulesen ist: die Auswirkungen des Angriffs auf den Nordturm, dargestellt durch den weißen Schriftzug. Es sind also zwei simultan dargestellte Momente einer Handlung, ihr Anfang und ihre Folgen, in die Komposition eingeflossen. Im Allgemeinen stellt die Wahl der dargestellten Episoden eines Handlungsstrangs eine grafische Entscheidung dar, die einen bestimmten Blick auf das Ereignis suggeriert.

Auch dieses Mal habe ich den Eindruck, dass die Puzzleteile bestens zusammenpassen. Meine Sicht der Dinge scheint sich zu bestätigen.

Dabei gebe ich mir die größte Mühe, den Teppich so objektiv wie möglich zu beurteilen. Oder spielt mir doch die Fantasie einen Streich? Reime ich mir da irgendwelche Märchen zusammen? Mache ich mir ein X für ein U vor? Oder halte ich ein harmloses Flugzeug mit blauem Viereck für das Werkzeug eines Selbstmordattentats?

Doch alles in allem erscheint mir meine Interpretation absolut plausibel, durchdacht und vernünftig. Legt man die genannten grafischen und typografischen Techniken zugrunde, werden die scheinbaren Widersprüche des zentralen Bildelements beseitigt und die visuellen und narrativen Codes lesbar gemacht. Und diese lassen sich durchaus objektiv deuten.

Und so gelange ich zu folgendem Schluss: Der Teppich stellt bildlich die drei entscheidenden Parameter des Attentats auf die symbolträchtigsten Türme New Yorks dar: das Wo, das Was und das Wie. Die Stadt auf dem Teppich zeigt das Ziel des Angriffs. Wo? In Manhattan. Was? Das World Trade Center. Wie? Mit Hilfe von zwei Linienflugzeugen.

Eines aber beschäftigt mich weiterhin: die Anzahl der Flugzeuge. Warum zehn? Zwei Flugzeuge sind in die Zwillingstürme gerast, ein drittes hat das Pentagon getroffen, das vierte und letzte ist über einem Feld in Pennsylvania abgestürzt, ohne sein Ziel, das vermutlich in Washington lag, zu erreichen.

Die Antwort auf diese Frage sollte ich erst Jahre später bekommen, nämlich 2006: Die Zahl der auf dem Teppich dargestellten Flugzeuge entspricht ebender, die Khalid Scheich Mohammed 1996 für das Attentat vorgesehen hatte. Dieses Geständnis legte er 2006 in Guantánamo ab.

Kapitel 9
Die afghanischen Kriegsteppiche

Die »Mudschaheddin-Teppiche« oder die »afghanischen Propagandateppiche« zählen zur Kriegskunst.

Gewöhnlich erzählt Kriegskunst Schlachten aus der Rückschau. Ob es nun um die Basreliefs im Tempel von Abydos geht, auf denen die Schlacht bei Qadesh dargestellt ist, oder um die ›Schlacht von San Romano‹ von Paolo Uccello oder Picassos ›Guernica‹: Gewöhnlich schildern Künstler, in ihrem Atelier sitzend, die Geschichte von Schlachten erst lange, nachdem sie geschlagen wurden. Anders bei den Kriegsteppichen.

Lange habe ich mich gefragt, wer diese Teppiche wohl geschaffen hat. Von welcher Hand mag meiner stammen? Jetzt aber will ich darüber mehr in Erfahrung bringen und kontaktiere einen Experten für afghanische Kriegsteppiche. Er will mir am Telefon Auskunft geben. Es wird eines der fruchtbarsten Gespräche sein, die ich im Laufe meiner Erkundungen führen werde.

Zuerst danke ich dem Mann natürlich wärmstens, dass er sich Zeit für mich nimmt. Dann stelle ich ihm die Fragen, die mir auf den Nägeln brennen.

»Können Sie mir mehr über die Männer beziehungsweise Frauen sagen, die in Afghanistan Kriegsteppiche herstellen?«

»Man nennt die Leute, die solche Kriegsteppiche konzipieren, gemeinhin *ustad*. Mit diesem Wort bezeichnet man jemanden, der Teppiche entwirft, aber es hat auch die Bedeutung ›Meister‹ oder ›Lehrer‹. Geknüpft oder gewebt werden die Teppiche dann meist von Frauen und Kindern, aber gelegentlich auch von Männern.«

»Wurden auch während der sowjetischen Besatzung Kriegsteppiche geknüpft?«

»Zwischen 1980 und 1989 waren viele Teppichknüpfer auf der Flucht oder gingen ins Exil. Die verbliebenen schlossen sich dem Widerstand an oder versuchten einfach, sich mit der Besatzung zu arrangieren.«

»Weiß man etwas über die Chronologie dieser Teppiche?«

»Es steht fest, dass die ersten afghanischen Kriegsteppiche wenige Monate nach der sowjetischen Invasion Ende Dezember 1979 auftauchten. Dabei ging es keineswegs um neue Motive für die Teppichknüpferzunft. Sie waren damals neben der Flüsterpropaganda das einzige Kommunikationsmittel zwischen der mundtot gemachten Bevölkerung und den Exilanten.«

»Vermutlich hat sich diese Kommunikationsform auch während des Bürgerkriegs erhalten?«

»Ja, tatsächlich. Zehn Jahre später, 1990, erfüllten die Kriegsteppiche im Bürgerkrieg dieselbe Funktion wie früher. Schließlich gab es in dem Land fast kein Radio bzw. Fernsehen. Dazu muss man wissen, dass zu jener Zeit nur 18 Prozent der Bevölkerung lesen und schreiben konnten. Für den Großteil der Menschen waren die wenigen Zeitungen, die es gab, also unverständlich. Unter diesen Bedingungen war die Kommunikation durch allegorische und bildliche Darstellungen auf Teppichen der praktischste Weg, um die Afghanen zu erreichen, und zwar nicht nur, was Propaganda anging.«

»Für einen Abendländer ist dies ja kaum zu glauben! Dann sind afghanische Kriegs- und Propagandateppiche sozusagen eine getreue Chronik jener Strategien lokaler oder westlicher Machthaber, die das Land zerstört haben.«

»Und es gibt noch ein dramatisches Detail: Die ersten afghanischen Kriegsteppiche wurden zum größten Teil in den Flüchtlingslagern in Pakistan und im Iran hergestellt. Man schätzt, dass zu jener Zeit etwa dreieinhalb von 14 Millionen Afghanen in solchen Camps lebten.«

»Aber man hat doch wohl nicht überall Teppiche geknüpft?

Gab es denn nicht einzelne Regionen, in denen sie entstanden?«

»Sicher. Die Kriegs- und Propagandateppiche kamen größtenteils aus dem halbnomadischen Belutschistan im Süden Afghanistans und von den Turkmenenvölkern im Norden. Die anderen Zentren der Teppichproduktion verteilten sich mehr oder weniger über den gesamten Lebensraum der sesshaften oder halbnomadischen Stämme, die das afghanische Volk bilden.«

»Stellten die einzelnen Stämme denn auch verschiedene Teppiche her?«

»Ja, im Normalfall schon. Doch da die Kriegsteppiche aus lokaler Produktion kamen, sorgten die Händler für die Verbreitung über ihre Handelsnetze, ganz egal, um welche Art von Teppich aus welcher Zeit es ging.«

»Und welche Funktion hatten die Kriegsteppiche nun?«

»In den Achtzigerjahren ging es eigentlich nur darum, bestimmte Aktionen und Siege des Widerstands festzuhalten und zu feiern. Ich habe Exemplare gesehen, die der Verbreitung von Propaganda dienten, aber auch solche parodistischen und satirischen Inhalts. Andere Exemplare wieder gehorchen eher dem klassischen Motivkanon: Porträts, Landschaften, Stillleben und allegorische Darstellungen. Für manche Afghanen war dies quasi eine Sache der Ehre: Einen Teppich zu kaufen hieß, eine Waffe zu finanzieren. Da versteht man natürlich, dass es bei diesen Teppichen nicht nur um den Lebensunterhalt ging. Sie zu kaufen war an sich schon ein Akt des Widerstands.«

Ich danke dem Mann für all diese wertvollen Informationen. Bevor ich auflege, verweist er mich noch auf die Internetseite eines Strategiefachmanns.

Ich folge seinem Rat und entdecke voller Neugier den Internetauftritt von François-Bernard Huyghe, der Strategieexperte am IRIS (Institut de relations internationales et stratégiques), einem unabhängigen französischen Thinktank, ist. Von ihm erfahre ich – ich zitiere –, dass, was die Mittelbeschaffung für den Dschihad betrifft, »Terrorspezialisten davon ausgehen, dass einige dieser Teppiche weit über ihrem Preis gehandelt und an reiche Salafisten verkauft wurden, um al-Qaida zu finanzieren«. Diese Art der Finanzierung sei auch den Mudschaheddin in Afghanistan während der Achtzigerjahre zugutegekommen.

Daraufhin füge ich alle Informationen zusammen und kann mir nun ein klares Bild von der zeitlichen Abfolge bei der Produktion afghanischer Kriegsteppiche machen, die sich im Wesentlichen in drei Phasen einteilen lässt. Die erste erstreckt sich von 1979 bis 1989 und markiert die Zeit der sowjetischen Besatzung bis zur Befreiung. Die zweite reicht vom Sieg über die Russen 1989 bis zum 11. September 2001. Die dritte Hochkonjunkturphase der Teppichproduktion findet vom 11. September 2001 bis ins Jahr 2010 und darüber hinaus statt.

Nehmen wir uns zunächst die Periode von 1979 bis 1989 vor. Die ersten afghanischen Kriegsteppiche tauchen wenige Monate nach Einmarsch durch die Sowjettruppen am 27. Dezember 1979 in Afghanistan auf. Die Exemplare, die das Genre begründeten, waren im Wesentlichen eine Chronik der Ereignisse und bildeten die Waffen des Gegners ab. Die klassischen Motive, die Elefantenfüße, die »Gül« genannten Rosetten, die Blumen und Pflanzen werden durch Kalaschnikows, Panzer, Hubschrauber oder Karten von Afghanistan mit markierten Orten der Kämpfe ersetzt – durch die »Zeichen« des aktuellen Angriffs und der ersten Regungen des Widerstandes. Die Vereinfachung der Motive, die den Restriktionen der Knüpftechnik sowie der mosaikartigen Wirkung, die durch sie entsteht, geschuldet ist, verleihen den Teppichen einen naiven, beinahe geometrischen Charakter bis hin zur Abstraktion. Man spricht hier von einer »flächigen Darstellung«.

Zu dieser speziellen Bildsprache treten im Falle der Kriegsteppiche noch bestimmte narrative Elemente: Daten, geografische Angaben und Glaubensbekenntnisse der Mudschaheddin in Form von eingewebten Textbändern oder Schriftzügen – in lateinischen Buchstaben ebenso wie in arabisch-persischer Schrift. Auf den Teppichen aus der Zeit zwischen 1979 und 1980 sind Textelemente noch selten, tauchen dann aber bald vermehrt auf.

Die ersten Kriegsteppiche gehören zu den rustikaleren Vertretern ihrer Gattung und lassen sich in drei Kategorien unterteilen: Modelle mit »Kalaschnikow-Bordüren« und Hubschraubern oder Panzern als zentralen Motiven; Modelle mit Karten von Afghanistan, auf denen Panzerkolonnen und Kämpfe der Mudschaheddin dargestellt sind; und traditionelle Modelle, bei denen die Waffen in eine klassische Teppichstruktur eingewebt sind.

Vor allem die satirische Variante, von der ich mehrere Ausführungen finde, beeindruckt mich zutiefst. Ein Motiv hat es mir besonders angetan. Es stammt aus dem Jahr 1989, also vom Ende der Besetzung, und wird gemeinhin unter »Soviet Puppet« geführt, »sowjetischer Hampelmann«. Darauf ist eine rudimentäre Karte Afghanistans zu erkennen mit Panzern im oberen Teil und Kamelen im unteren. In der Mitte befindet sich eine Karikatur des kommunistischen Präsidenten Nadschibullah, der von einer großen schwarzen Hand wie eine Puppe herumdirigiert wird. Beherrscht wird die Darstellung von einem Hammer-und-Sichel-Motiv am Handgelenk. Auf einigen Teppichen wirkt die Marionette völlig irr, weil sie türkisfarbene Augen in Rautenform hat. Sie ist von Mudschaheddin umstellt, die ihr Gewehr auf sie anlegen. Der Großteil dieser Teppiche entstand zwischen 1989 und 1996.

Doch gibt es noch andere parodistische Motive: ein umgedrehter Zylinder von Uncle Sam in den amerikanischen Nationalfarben zum Beispiel, aus dem wie durch Zauberhand ein Sturmgewehr kommt.

Die zweite Phase der Kriegsteppichproduktion setzt nach dem Sieg über die Sowjets von 1989 ein und dauert bis 2001 an.

Ein Modelltyp von 1989 feiert den Abzug der russischen Armee: die Siegesteppiche. Das zentrale Bild zeigt im oberen Teil eine Karte von Afghanistan. Auf einem lilafarbenen diagonalen Band ziehen Panzer Richtung Usbekistan ab. Der Hintergrund ist in gelblichen Elfenbeintönen gehalten und mit Waffen und anderem Kriegsgerät geschmückt. Den Platz, der nicht von dem Waffenarsenal und der Karte eingenommen wird, füllen Schriftzüge. Häufig wird das Jahr des Sieges, 1989, angegeben. Man findet aber auch Parolen wie »Lang lebe Afghanistan« und andere Textbänder verschiedenster Größe. Ganz unten steht meist in großen Lettern: »Made in Afghanistan«.

Die Kriegsteppiche werden bald um eine Reihe weiterer Motive bereichert. So kommen in den Jahren 1989 bis 1990 vermehrt moderne Stadtlandschaften auf, *modern city landscapes*, oder moderne Stadtteppiche, *modern city carpets*. Zu dieser Kategorie gehört mein Teppich.

Das Datum, das der beigefarbene Schriftzug angibt, ist 1369, das entspricht in unserer Rechnung den Jahren 1990 bis 1991. Es passt also zu dem Zeitpunkt, ab dem diese Teppiche immer häufiger auftauchen.

Die Teppiche mit modernen Stadtansichten aus dieser Zeit verfügen nur über ein relativ kleines Motivspektrum. Ich finde bald heraus, dass die Vorlagen, die die Teppichknüpfer für ihr Werk verwendeten, fast immer aus pakistanischen Fotokalendern stammen, die von der Royal Calendar Company in Karachi herausgegeben werden. Andere Quellen sind afghanische Kalender, Postkarten, Zeitschriften, Mitbringsel der ehrenamtlichen Mitarbeiter verschiedener Nichtregierungsorganisationen oder Bilder in Schulbüchern. Ich lag also mit meinen Vermutungen gar nicht so weit weg von der Wahrheit …

Die ersten Kriegsteppiche mit Stadtlandschaften zeigen meist einen Platz in Herat, in dessen Zentrum ein riesiges, spinnenbeiniges Monument mit einer Uhr steht. Andere Varianten zeigen eine

Kreuzung in Kabul, die Moschee von Herat, die Freitagsmoschee, eingebettet in ihre urbane Umgebung, oder die Malabar-Moschee an der Victoria Street in Singapur. Dieses Exemplar trägt ein kleines Textband, das die Straße angibt: »Victoria St«, die anderen Stadtbildteppiche aber zeichnen sich ausnahmslos durch das Fehlen von Schriftelementen aus. Sie sind Ikonen der Modernität, die ohne Schriftzüge auskommt, schließlich sind sie weder dem Gedenken noch der Propaganda gewidmet. Man schreibt ihnen gewöhnlich Erinnerungsfunktion zu. Im Großen und Ganzen handelt es sich um Stücke für Liebhaber.

Erst viel später tauchen auf den Stadtteppichen auch Motive mit westlichen Stadtlandschaften auf. Die Vielzahl hoher Gebäude sowie die zahlreichen Autos zeigen eine schonungslose Modernität, was angesichts eines Volks von Fußgängern, das in halb versteppten, ländlichen und gebirgigen Gegenden lebt, besonders exotisch wirkt.

Ich stelle bald fest, dass die Teppiche mit den abendländischen Stadtlandschaften bestimmte Städte darstellen, und zwar immer anhand ihrer Baudenkmäler. Und dass auf keinem die Brooklyn Bridge zu sehen ist. Wir finden Chicago mit dem Sears Tower, New York mit der George Washington Bridge und London mit der Tower Bridge. Und dennoch gehört mein Teppich in ebendiese Kategorie. Wenig später stoße ich auf eine Information, welche das Bild wieder kompliziert. Diese Teppiche wurden erst nach 2001 geschaffen und enthalten gewöhnlich keine Textelemente! Das macht meinen Teppich mit seiner New Yorker Skyline der Neunzigerjahre und seinen arabisch-persischen Schriftzügen zu einer Ausnahme innerhalb dieser Gruppe. Andererseits gehören die bei diesem blauen Teppich eingesetzten Stilmittel durchaus zum normalen Repertoire seiner Kategorie, was auch für die dargestellten Objekte gilt.

Nun, mein Teppich ist also nicht wie die anderen: Sein Sujet nimmt vorweg, was die modernen Stadtteppiche erst elf Jahre später zeigen werden. Wieder einmal stehe ich vor einem Rätsel. Meine Forschungen stellen sich als sehr viel komplexer heraus, als ich angenommen hatte!

Eine meiner wichtigsten Informationsquellen für Kriegsteppiche ist der Australier Richard Elliott, einer der ersten Sammler, der 1991 von Peshawar in Pakistan bis nach Herat in Afghanistan die Orte bereist hatte, an denen Kriegsteppiche verkauft wurden. Von ihm erfahre ich, dass zu jener Zeit höchstens 200 bis 300 afghanische Kriegsteppiche auf dem Markt waren. Eine sehr geringe Zahl also.

Die Teppiche der ersten Sammler gehorchen, was Qualität und Originalität angeht, absolut der Norm. Und mein blauer Teppich, der die Kriterien ebenso perfekt erfüllt, hätte sicher einen Platz in den ersten damals entstehenden Sammlungen gefunden. Ich bin überzeugt, dass die Ausnahmestellung des Teppichs den versierten internationalen Sammlern, die als Liebhaber solcher Stücke die Märkte in Herat und in Peshawar absuchten, nicht entgangen wäre. Da der Teppich aber zwischen 1990 und 1991 gefertigt wurde, nehme ich an, dass er gar nicht erst in den Handel gelangte. Mein Teppich war also nicht für den Markt bestimmt – was zum Inhalt der Botschaften passt, die ich im Laufe meiner Erkundungen freilegen werde. Was aber war der Grund dafür? Warum sollte er nicht gezeigt, sondern versteckt werden? Und wo befand er sich dann?

Doch weiter in der Chronologie. Wir kommen allmählich ins Jahr 2001. Zu jener Zeit, also zwanzig Jahre nach Auftauchen der ersten Stücke, sind afghanische Kriegs- und Propagandateppiche keine Seltenheit mehr. Die einzelnen Typen aus den Achtzigerjahren wurden durch viele andere Motive ergänzt – je nach Nachfrage, Propagandazwecken oder Kreativität der Teppichschöpfer.

Die Attentate vom 11. September 2001 und die darauf folgenden militärischen Vergeltungsmaßnahmen, die zunächst als »Infinite Justice« (Grenzenlose Gerechtigkeit) bezeichnet, dann aber in »Enduring Freedom« (Dauerhafte Freiheit) umbenannt wurden und vom 7. Oktober bis zum 5. Dezember 2001 dauerten, sorgen dafür, dass die afghanischen Kriegsteppiche sich in alle Welt verbreiten.

Vom Jahr 2002 an finden sich immer wieder Teppiche mit gelbem Grund, auf denen das Attentat auf die Twin Towers in New York dargestellt ist. Sie erlangten kurzfristig sogar eine gewisse Berühmtheit, denn es sind die ersten afghanischen Teppiche, die den Krieg gegen den Terror zum Inhalt haben.

Als ich diese gelben Teppiche, die stets im Hochformat angelegt sind, entdecke, bin ich sofort fasziniert. Ihr Design ist immer gleich: Vor einem gelben Hintergrund erheben sich zwei Türme. Durch die Mitte des Bildes und vor den Türmen liegend zieht sich ein Band, das aus der amerikanischen und der afghanischen Flagge gebildet wird.

Eine weiße Taube mit einem Olivenzweig im Schnabel verbindet die beiden Flaggen. Dieses Band gibt ein Abzeichen der amerikanischen Armee wieder, das sich auf den Propagandaflugschriften der Operation »Infinite Justice« fand, die von der amerikanischen Luftwaffe über den afghanischen Dörfern und Städten abgeworfen wurden.

Mir fällt sofort auf, dass diese gelben Teppiche ebenso vom Stilmittel der Simultandarstellung Gebrauch machen wie mein Teppich. Flugzeuge fliegen auf die Zwillingstürme zu, die aber bereits in Flammen stehen. Eine winzige menschliche Gestalt fällt ins Leere. Den unteren Teil des Bildes nimmt ein Flugzeugträger ein, auf dem die Buchstaben »USA« stehen. Rechts hebt unter enormer Feuer- und Rauchentwicklung eine Rakete ab. Zwei Schriftzüge zeigen, welches Flugzeug den ersten und welches den zweiten Einschlag verursacht hat, ganz rechts oben signalisiert ein weiterer Schriftzug gleichsam den Titel der Darstellung: »The terrors were in America«. Es gibt nicht weniger als fünf Exemplare mit diesem Motiv.

Dass die gelben Teppiche schnell zum Instrument im »Krieg gegen den Terror« umfunktioniert wurden, soll, so heißt es, auf amerikanische Propagandabemühungen zurückgehen. Die Armee habe es für vorteilhaft gehalten, wenn man sich der Kriegsteppiche bediente, die damals ein gängiges lokales Kommunikationsmedium waren. François-Bernard Huyghe erklärt dies als Manöver der psychologischen Kriegsführung und verweist dabei auf einen großen Thinktank, der auf solche Strategiespiele spezialisiert ist: die RAND Corporation.

Im Großen und Ganzen aber werden die »Terror-Kriegsteppiche« entweder als Friedensgeste gedeutet oder als Gedenkteppiche an ein gelungenes Attentat, was sie zu einem Instrument des Dschihad machen würde. So berichteten einige New Yorker Zeitungen 2008, viele amerikanische Bürger seien schockiert gewesen, als diese Teppiche in New York ausgestellt wurden.

Nach den gelben Teppichen kamen die »Tora Bora Rugs«. Diese Variante verewigt die Suche nach Bin Laden zwischen Ende November 2001 und Januar 2002. Experten für afghanische Kriegsteppiche zählen diese Bilder zum Katalog der psychologischen Kriegsführung. Auf den ersten Blick fällt mir auf, dass die Tora-Bora-Teppiche grafisch sehr viel realistischer sind als die meisten anderen afghanischen Kriegsteppiche. Auf gelblich-elfenbeinfarbenem Grund zeichnet sich – in dunklerer Farbe – eine Karte von Afghanistan ab, die das Zentrum der Komposition einnimmt. Im Innern dieses recht realistischen Kartenumrisses finden sich stilisierte Berge, die Tora Bora umgeben. Darüber liegt bleiern der Himmel.

Der Horizont steht meist diagonal zur horizontalen Komposition. Im oberen Teil findet sich wieder ein Band mit der amerikanischen und der afghanischen Flagge und einer Friedenstaube. Jagdflugzeuge in realistischer Umrisszeichnung säumen die zentrale Darstellung oben und unten. Gewöhnlich findet sich irgendwo das Datum 2002, dazu der Schriftzug »Made in Afghanistan« und »Tora Bora«. Am häufigsten aber folgendes Textband: »Rout of the terrorism with help of America and Britain«, also »Niederschlagung des Terrorismus mit Hilfe von Amerika und Großbritannien«.

Ein Exemplar allerdings trägt den Schriftzug »Root of the terrorism with help of America and Britain«. Das aber hätte einen ganz anderen Sinn, nämlich »Wurzel des Terrorismus mit Hilfe von Amerika und Großbritannien«. Dieses Exemplar ist auch nicht, wie seine Gegenstücke, auf 2002 datiert, sondern auf 2001. Hat da einen Propagandisten etwa der Schalk geritten? Vielleicht einen, der aus dem »Königreich der Unverfrorenheit« stammte, wie der Afghanistan-Spezialist Michael Barry meinte?

Von 2002 bis heute haben sich die gelben Teppiche, die Tora Bora Rugs und viele andere Modelle weiter verbreitet, je nach Anlass und Nachfrage. Wenn man die Kriegsteppiche der letzten Jahre betrachtet, fällt sofort auf, dass die Darstellung realistischer geworden ist und dass plötzlich das Element der Perspektive Berücksichtigung fand, das bis dahin keine Bedeutung hatte. Bordüren und Mittelteil zeigen weniger Panzer und mehr Autos.

Wie man in Ost und West mit den Kriegsteppichen umgeht, lässt sich sehr schön an einem Beispiel aufzeigen, das mittlerweile zwei Jahre alt ist. Im Jahr 2011 brachte die Zeitschrift *Le Monde* ein Sonderheft mit dem Titel »Das Jahrzehnt Bin Ladens« heraus. Die Titelseite zeigt einen Kriegsteppich aus dem Jahr 1989, ein Exemplar des Typus, der das Ende der sowjetischen Besetzung feiert. Die Bildlegende dazu lautet: »Dieser in Afghanistan hergestellte Teppich zeigt den ersten Krieg, der das Land ausgeblutet hat, nachdem die sowjetischen Truppen am 24. Dezember 1979 dort einmarschiert sind. In den zehn Jahren des Kampfes gegen die ›unheilige‹ Besetzung haben sich die Kämpfer der Muslimbrüder mit denen der Salafistenbewegung im Dschihad vereint.«

2011 wurde also ein afghanischer Kriegsteppich aus dem Jahr 1989, der in einer westlichen Zeitung abgebildet wurde, dazu benutzt, um eine Verbindung herzustellen zwischen dem afghanischen Heiligen Krieg um das eigene Land in den Achtzigerjahren und dem globalen Heiligen Krieg, der aus den Trümmern ebendieses Konflikts und dem 11. September entstand! Ich glaube, das bedarf wohl keines Kommentars.

Kapitel 10
96 Sterne, christliche Kreuze und andere Symbole

An diesem Punkt habe ich beim Verständnis der Kriegsteppiche und des Umfeldes, in dem mein Teppich entstanden ist, schon bedeutende Fortschritte gemacht. Doch der Teppich hat noch längst nicht all seine Geheimnisse preisgegeben.

Als ich wieder einmal mehrere Tage am Stück frei habe, führe ich meine Recherchen fort. Um mehr Ruhe zu haben, ziehe ich mich ins Wohnzimmer zurück und gehe nicht ans Telefon. Ich habe mir ein Ziel gesetzt: Ich will den Sinn der Sterne entziffern, die die Bordüre zieren. Es sind genau 96. Ich werde feststellen, dass diese Zahl im muslimischen Kontext und vor allem auf einem Orientteppich eine bestimmte Bedeutung hat.

Durch meine Recherchen über die Teppiche im Allgemeinen weiß ich, dass die Bordüre eines Teppichs verschiedene Funktionen haben kann. Es geht nicht nur darum, die Darstellung auf dem Teppich ähnlich einem Gemälde mit einem Rahmen oder wie einen Garten mit einer Mauer zu versehen. Eine Teppichbordüre hat Symbolcharakter und verortet das Stück in einem kulturellen oder spirituellen Umfeld, welches dem Motiv in der Teppichmitte einen gewissen Bezugsrahmen verleiht, es in einen bestimmten Kontext stellt. Daher haben so viele Orientteppiche Bordüren mit ethnischen, regionalen, allegorischen, religiösen oder anderen Motiven. Bei traditionellen Teppichen wird die narrative Botschaft häufig in die Bordüre gepackt: Entstehungsdatum, Name des Künstlers (eher selten) oder der Anlass, der zur Entstehung des Teppichs führte, zum Beispiel eine Feier oder ein diplomatischer Kontakt, bei dem er als Geschenk überreicht wird.

Die bisher gefundenen Bücher und Internetseiten geben mir zwar Aufschluss über die stilistischen Elemente von afghanischen Kriegsteppichen, doch was den Islam angeht, bin ich noch ein rechter Laie. Also rufe ich noch einmal den Freund an, der für mich den beigefarbenen Schriftzug übersetzt hat, der auf das Jahr 1369 deutet. Frédéric spricht Arabisch, er hat lange Jahre im Mittleren Osten gearbeitet und kennt die Region sehr gut. Ich habe Glück, er hat den ganzen Nachmittag Zeit und ist sehr viel interessierter als beim ersten Mal. Also bringen wir mehrere Stunden damit zu, uns gemeinsam über den Teppich zu beugen, den Blick auf die 96 Sterne geheftet.

Frédéric hat eine völlig andere Art als ich, die Dinge zu sehen, daher ist er mir eine große Hilfe.

»Das liegt doch auf der Hand«, meint er. »96 ist die Zahl der ersten Sure, die Mohammed offenbart wurde. Die Suren des Korans, zumindest in der bekanntesten Redaktion, nämlich der des Kalifen Uthman, sind nicht in der Reihenfolge angeordnet, wie sie Mohammed offenbart wurden, sondern der Länge nach, beginnend mit der längsten. Die Sure 96 heißt Al-Alaq, das Anhaftende, die Zugehörigkeit.«

Er kramt in seinem Rucksack, zieht einen Koran heraus und öffnet ihn auf einer bestimmten Seite.

»Die Sure 96 beginnt so:
Trag vor im Namen deines Herrn, der schuf,
den Menschen aus Anhaftendem schuf!
Trag vor! Denn dein Herr ist's, der hochgeehrte,
der mit dem Schreibrohr lehrte,
Den Menschen, was er nicht wusste, lehrte.«
Koran, 96, 1–5 (Uthman)*

»Das sagt mir aber rein gar nichts«, murmele ich ein wenig enttäuscht.

»Dazu muss man wissen, dass in Afghanistan die meisten Menschen Sunniten hanafitischer Provenienz sind. Und wenn ich

---

* *Der Koran*, übertragen von Hartmut Bobzin, München 2010, S. 575.

mir das bisschen ins Gedächtnis rufe, was ich über Afghanistan weiß, meine ich mich zu erinnern, dass sich dort im Gefolge des afghanischen Dschihad in den Achtzigerjahren eine radikal-islamistische Propaganda salafistischer Prägung formiert hat.«

»Dass ein Teppich, auf dem ein Attentatsplan dargestellt ist, eine Sure zitiert, vor allem die Sure 96, würde also recht gut zu dem ideologischen Umfeld in Afghanistan zwischen 1990 und 1991 passen?«

»Meiner Ansicht nach schon. Und es gibt sogar noch einen zweiten Punkt, der dafür spricht.«

Ich sehe ihn überrascht an.

»Die Offenbarung der ersten Sure an Mohammed fand 610 statt, in einer Zeit, die man vor-hidschranisch nennt ...«

»Vor was?«

»Vor-hidschranisch. Die *Hidschra* bezeichnet die Auswanderung Mohammeds und seiner Gefährten von Mekka nach Medina und die Geburt des Islam. Sie fand 622 statt. Die Zeit vor der *Hidschra* und die *Hidschra* selbst bilden das grundlegende Modell für Salafisten und andere Fundamentalisten, die sich an den frommen Gefährten Mohammeds orientieren ...«

Ich versuche mitzudenken, langsam wird mir klar, worauf er hinauswill.

»Und Bin Laden sowie andere afghanische Guerillakrieger und al-Qaida-Mitglieder waren Salafisten?«

»Genau!«

Einige Jahre später werde ich auf eine Tatsache stoßen, die diese Hypothese bestätigt. Das Thema der *Hidschra* wird in einer Erklärung von Khalid Scheich Mohammed, dem Organisator der Attentate vom 11. September, angesprochen, die er 2007 vor dem Gericht in Guantánamo gibt. Mit dieser Erklärung versuchte er, für sich den Kombattantenstatus zu reklamieren, was bedeutet, dass er Anrecht auf eine Behandlung nach der Genfer Konvention hätte. Bei dieser Gelegenheit sagte er unter anderem: »Ich habe

Scheich Osama bin Laden *Bayat* [übersetzt: Gefolgschaft] geschworen, um den Dschihad mit allen, auch finanziellen Mitteln zu führen und die *Hidschra* [übersetzt: die Verbreitung des Dschihad] voranzutreiben, überall dort, wo es nötig ist.«

Frédéric erweist sich wirklich als ausnehmend nützlich.

»Wenn du mehr über die *Hidschra* wissen willst, solltest du dieses Buch lesen.« Er wirft einige Wörter auf ein Blatt Papier und reicht es mir.

»Das hat ein wirklicher Fachmann geschrieben, der auch zahlreiche Quellen zitiert. Für deine Recherchen wäre dies eine echte Fundgrube. Ich kann ja nächste Woche wiederkommen, wenn du Zeit hast, dann machen wir weiter mit unseren Nachforschungen über diese paar Quadratzentimeter Teppich …«

Ich danke ihm. Wir verabreden uns für den Donnerstag der folgenden Woche.

Sobald Frédéric zur Tür raus ist, setze ich das Buch auf meine Leseliste. Es stammt aus der Feder des Wissenschaftlers und Fachmanns für zeitgenössischen Islam Jean-Pierre Filiu und heißt: *Les frontières du jihad*, ›Die Grenzlinien des Dschihad‹. Wieder werde ich in meiner Lieblingsbuchhandlung vorstellig, wieder bestelle ich ein Buch. Wieder wirft mir die charmante Buchhändlerin einen forschenden Blick zu. Ich gehe darüber hinweg. Ich muss vier Tage warten, bevor das kostbare Buch in meinen Besitz übergeht.

Was ich dort lese, ist mir eine Erleuchtung. Jean-Pierre Filiu erklärt ausdrücklich: »Die *Hidschra* ist der Referenzpunkt aller Splitterformen des Dschihad […], jeder Dschihadistenführer inszeniert seine eigene *Hidschra*. Bin Laden greift zwischen 1987 und 1989 immer wieder auf dieses Bild zurück und der Mufti der Zarqawi-Gruppe vergleicht ausdrücklich das von den Amerikanern belagerte Falludscha [im Irak] mit dem von den Mekkanern umstellten Medina […] Das Modell der *Hidschra* wird bald zur zweifelhaften propagandistischen Waffe.«

Es wird also immer wahrscheinlicher, dass die 96 Sterne auf

der Bordüre eines afghanischen Kriegsteppichs aus dem Jahr 1990 kein simpler Zufall sind, der dem Schöpfer des Teppichs nicht weiter auffiel. Die Bordüre dieses Teppichs hat eine symbolische Bedeutung. Und die des Mittelfelds ebenso.

Am Donnerstag kommt Frédéric wie vereinbart vorbei, und wir machen weiter. »Heute wollen wir mal die Inhalte des Mittelfelds aufdröseln«, meine ich.

»Donnerwetter«, antwortet er. »Da hast du dir ganz schön was vorgenommen.«

»In der linken Hälfte sehe ich vier lateinische oder christliche Kreuze, die in der Komposition keine zentrale Rolle einnehmen: zwei rote Kreuze auf dem höchsten Punkt zweier Wolkenkratzer, ein schwarzes, ein braunes. Fällt dir dazu vielleicht etwas ein?«

»Die beiden Kreuze sind so ausgeführt, wie man sie gewöhnlich auf den Teppichen mit den modernen Stadtlandschaften findet. Sie fügen sich fast nebensächlich in die Gesamtdarstellung ein. Ich sehe noch ein Kreuz, ein weißes, das fast am meisten ins Auge sticht. Es steht zwischen zwei Gebäuden. Und es hat ein winziges Gegenstück als Reflex auf dem East River, ganz links außen. Das Interessante ist, dass dieses Kreuz zwei Gemeinsamkeiten mit dem weißen Textelement hat. Beide sind weiß. Und dieses Kreuz, das ganz allein zwischen zwei Wolkenkratzern steht, spiegelt sich, wie der Schriftzug, im East River wider.«

»Glaubst du, wir können daraus ableiten, dass dieses Kreuz und sein Spiegelbild auf dem Wasser eine symbolische Bedeutung haben, die mit dem Schriftzug und dem zentralen Bild des Teppichs zu tun hat, nämlich dem in Rauch aufgehenden Nordturm?«

»Das kann gut sein. Schau doch dort drüben, rechts vom weißen Kreuz, unter den Lichterketten der Brücke, findet sich noch ein weißes Symbol, ein Dreizack. Ich möchte daher eine weitere Hypothese über die Bedeutung des weißen Kreuzes aufstellen: Es könnte für die christliche Religion stehen, die ja in den USA am weitesten verbreitet ist.«

»Ja, durchaus. Ich sehe den weißen Dreizack als Zeichen oder Buchstaben. Ein W zum Beispiel. Schließlich spiegelt es sich nicht im Wasser wider, kann also keine Lichtquelle sein. Es handelt sich auch nicht um eine Umrandung oder etwas Derartiges, es hat keinerlei grafische Funktion.«

»Was also kann dieses W bedeuten?«

»Ganz spontan würde ich sagen, dieses lateinische W in Druckschrift könnte für Wall Street stehen. Die ist ja mitten in Manhattan. Das passt jedenfalls zum Rest der Darstellung.«

»Schon, aber einen Einwand hätte ich: Das arabische Alphabet ist semitischen Ursprungs und hat im Wesentlichen dieselben Buchstaben wie das hebräische Alphabet. Und wie das Alte Testament baut auch der Koran auf den Erzählungen der Thora auf.«

»Ja, das stimmt. Das hat ja schon Bin Laden in einer Erklärung an die Amerikaner vom Herbst 2002 gesagt. Erinnerst du dich?«

»In welcher?«

»Warte mal, ich habe sie irgendwo herumliegen. Ich werde sie suchen.«

Ich gehe in mein Arbeitszimmer und komme wenige Minuten später mit einem Blatt Papier zurück, das ich Frédéric hinhalte.

»Da, schau mal. Bin Laden schreibt in einem Brief an die Amerikaner vom 24. November 2002: ›Die Muslime sind die Erben des Moses und die Erben der wahren Thora, weil sie sie nicht verraten haben.‹«

»Ja, das passt also nicht. Das W steht nicht für Wall Street. Mir kommt gerade ein anderer Einfall. Wenn man von dieser kulturellen Gemeinsamkeit ausgeht und von den Verflechtungen, die daraus entstehen, ergibt sich folgender Schluss: Das weiße W kann genauso gut ein Buchstabe aus dem hebräischen Alphabet sein, das einige Buchstaben mit dem arabischen gemeinsam hat. Vor diesem Hintergrund könnte dieses weiße Zeichen auch ein hebräisches Shin sein, in moderner Schrift jedenfalls.«

»Und was bedeutet der Buchstabe Shin?«

»Er steht für den Laut ›sch‹ oder ›s‹. Die grafische Darstellung soll einen Backenzahn nachahmen. Ursprünglich wurde es als Bogen geschrieben. Die Kernbedeutung ist: kauen, zerkleinern, vermahlen. Abgeleitete Bedeutungen wären: heranziehen, zerreißen, wegwerfen … Das Shin hat eine besondere symbolische Bedeutung. Es steht für das Feuer und seine schützende und gleichzeitig zerstörerische Funktion. Mit dem Aleph, das für die Luft steht, und dem Mem (Wasser) gehört das Shin zu den ›drei Müttern‹, jenen Zeichen, die die Welt hervorgebracht haben. Die Quersumme der Buchstaben, die das Wort Shin bilden, ist 360. Dies wiederum steht für die 360 Grad des Kreises.«

»Du bist ja ganz schön fit im Hebräischen!«

»Sagen wir lieber, ich kenne einige Aspekte dieser Sprache und weiß ein bisschen was über die Buchstaben des hebräischen Alphabets. Der Buchstabe Shin findet sich im ersten Wort der Thora, *bereshit,* was ›im Anfang‹ oder ›Genesis‹ bedeutet. Dies ist gleichzeitig der erste Buchstabe eines der Gottesnamen Gottes, *shaddai,* der Allmächtige, zum Beispiel im Buch Hiob. Der Name Shaddai wird häufig mit einem Shin abgekürzt, zum Beispiel bei den Mesusas.«

»Ha! Was das ist, weiß ich! Das sind die kleinen Pergamentrollen, die gläubige Juden in einer Kapsel über der Tür oder am Türrahmen anbringen. So wie Christen an bestimmten Stellen Kruzifixe aufhängen.«

»Wenn man jetzt all diese Informationen zusammennimmt, dann möchte ich behaupten, dass das weiße W oder Shin auf unserem blauen Teppich für das Judentum steht, so wie die Kreuze, vor allem das weiße, das Christentum symbolisieren.«

»Und da wir uns hier in einem Propagandaumfeld bewegen, in dem die Bildsprache ja häufig zur Stigmatisierung oder Schuldzuweisung benutzt wird und nur selten neutral bleibt, könnte man Folgendes annehmen: Die Tatsache, dass das lateinische Kreuz, Symbol der Kreuzzüge, in so enger Nachbarschaft zum hebräischen Shin, Symbol des Zionismus, steht, verweist vielleicht auf zionistisch-christliche ›Kreuzzüge‹. Das würde jedenfalls zur aufwieglerischen Rhetorik bestimmter muslimischer Strömungen passen.«

»Ja, außerdem drängt sich eine symbolische Lesart des weißen Kreuzes und des ebenso weißen Shin schon deshalb auf, weil uns die beiden Motive auf dem Mittelfeld des blauen Teppichs begegnen. Dort aber gehören sie zu den zeichenhaften Elementen, nicht zu den codifizierten grafischen Mitteln oder zu den zufälligen Motiven.«

»Das mag schon sein, aber ich bin trotzdem nicht ganz überzeugt.«

»Warum?«

»Weil die Darstellung Israels durch das Shin zumindest ungewöhnlich ist. Du hast mir doch *L'Apocalypse dans l'islam* von Jean-Pierre Filiu zu lesen gegeben. Auch er schreibt, dass die antizionistische Propaganda und die entsprechenden antisemitischen Apokalypseszenarien wie im *Antichrist* von Said Ayyub, das 1987 in Kairo erschienen ist, Israel symbolisch gewöhnlich durch den Davidsstern darstellen.«

»Ja, du hast recht. Das sieht man auch auf den Plakaten und Spruchbändern bei anti-israelischen Demonstrationen: Der Davidsstern steht für Israel. Das hat einen ganz einfachen Grund: Den Symbolgehalt dieses sechszackigen Sterns kapiert wirklich jeder. Was für das hebräische Shin nicht gilt.«

»Sicher, aber die Tatsache, dass ein hebräischer Buchstabe symbolisch für Israel verwendet wird, kann ja auch heißen, dass man präziser sein wollte. Oder diskreter. Vielleicht war die Anspielung ja in gewissem Sinne für Eingeweihte gedacht.«

»Darüber muss ich noch nachdenken. Sollen wir jetzt aufhören?«

Frédéric überlässt mich meinen Fragen. Ich bin zufrieden und verwundert zugleich. Seit Jahren trage ich nun wichtige und nützliche Informationen zusammen, aber ich zögere noch immer: Welche Lesart ist denn nun die richtige? Welcher Spur sollte man weiter nachgehen? Ich bin unschlüssig, und in dieser Gemütsverfassung sollte ich während der ganzen Geschichte bleiben.

Ich sitze also mit meinen Deutungsbemühungen zwischen den Stühlen, weil keine mir so richtig zusagt. Ich wende die einzelnen Elemente immer wieder in meinem Kopf hin und her, vertiefe mich erneut in die Bücher von Professor Filiu und anderen Autoren.

Und plötzlich eines Morgens kommt mir eine Idee: Es gibt ja durchaus noch eine weitere mögliche Erklärung. Wenn nun das W gar kein Shin, sondern ein *tashdid* wäre? Das Tashdid ist im Arabischen ein diakritisches Zeichen, das zum Beispiel auf dem Schriftzug für »Allah«, Gott, steht und die Form eines »W« hat. Das Tashdid signalisiert hier die Verdoppelung des »l«. Im arabischen Schriftzug für »Mohammed« zeigt es die Verdoppelung des »m« an. Diese Interpretation ließe sich auch mit der Lesart des Buchstabens als Shin vereinbaren, da das Tashdid als »kleines Shin« gilt. Es wäre also keine neue Interpretation.

Nun habe ich eine intuitive Ahnung dessen, was ich für die Wahrheit halte. Man könnte meine Erkenntnisse wie folgt zusammenfassen: Das weiße Zeichen rechts vom weißen Kreuz ist entweder ein Buchstabe oder ein grafisches Zeichen. Dieses kann dem lateinischen, hebräischen oder arabischen Alphabet entstammen. Dementsprechend gibt es drei verschiedene Deutungsmöglichkeiten: Es ist ein W, das Shin aus Shaddai oder, höchstwahrscheinlich, ein Tashdid, wie es sich im Namen Allahs und seines Propheten Mohammed findet.

Wenn man den Kontext berücksichtigt, scheint mir die Lesart als Tashdid aus Allah am überzeugendsten. Nun bin ich zufrieden. Ein Teil der Nebel rund um den Teppich scheint sich gelichtet zu haben.

Kapitel 11
Erstaunliche Deckungsgleichheit

Am nächsten Tag versuche ich, meine Interpretation ins Reine zu schreiben. Was hat mir der Teppich nach mehreren Monaten der Forschung und Schlussfolgerung nun tatsächlich enthüllt?

Es gibt fünf Punkte, die meinen 1990 entstandenen blauen Teppich mit dem Attentat auf das World Trade Center in Verbindung bringen oder zumindest mit den ersten Minuten nach dem Angriff auf den Nordturm. Da sind zunächst einmal die Stadt New York und der Zielpunkt der Angriffe, nämlich Manhattan. Dann das Ziel des Attentats, nämlich der Nordturm des World Trade Centers, auf den schon 1993 ein Angriff verübt wurde und der auch 2001 das Hauptziel war. Dann die Auswirkungen des Angriffs auf den Turm, nämlich der Brand. Dann die Anzahl der für die Operation vorgesehenen Flugzeuge, nämlich zwei. Und schließlich die Anzahl der für den gesamten Angriff vorgesehenen Flugzeuge, also zehn. Khalid Scheich Mohammed war in dem Attentatsplan von 1996 davon ausgegangen, dass zehn Linienflugzeuge, die aus den USA kamen oder dorthin unterwegs waren, explodieren sollten.

Ich denke nicht, dass diese fünf Punkte nach dem 11. September 2001 eine definitive Aussage erlauben. Man kann gleichwohl feststellen, dass die figürliche Darstellung auf dem Teppich erstaunliche Überschneidungen mit dem Attentat zeigt. Und das schon 1990. Der Teppich könnte damals sozusagen die Rahmendaten für die Logistik eines solchen Attentats geliefert haben: das Wo, das Was und das Wie. Elf Jahre vor dem Anschlag von 2001, drei Jahre vor dem ersten Versuch 1993 und sechs Jahre vor dem von Khalid Scheich Mohammed enthüllten Attentatsplan von 1996.

Dennoch habe ich Verständnis, dass man einen Teppich als Kommunikationsmittel im Falle einer Organisation wie al-Qaida zumindest merkwürdig finden mag. Al-Qaida ist sowohl im Westen wie im Osten bestens vernetzt. Es ist der Organisation zumindest gelungen, sämtliche Geheimdienste, auch die CIA, zu täuschen …

Dagegen lässt sich allerdings Verschiedenes einwenden. Zuallererst, dass Terrorismusexperten wie Jean-Pierre Filiu bezeugen, dass al-Qaida durchaus archaische Kommunikationsmittel nutzt, weil diese schwer zu dechiffrieren sind. Jean-Pierre Filiu spricht, was den Einsatz menschlicher Boten vonseiten al-Qaidas angeht, sogar vom »Sieg des Archaischen über die Hochtechnologie«.

Das zweite Argument, das diese Sicht der Dinge stützen könnte, ist das *Manchester Manual*. Dieses Handbuch war im Mai 2000 von britischen Ermittlern gefunden worden, als sie bei einem mutmaßlichen al-Qaida-Mitglied eine Hausdurchsuchung vornahmen. Sein belgischer Herausgeber André Versaille meint, es beschreibe sachlich und systematisch in 18 Lektionen, wie sich der perfekte Terrorist verhalten sollte: Wie bezieht man unauffällig in einem westlichen Land Wohnsitz? Wie entzieht man sich Ermittlungen? Wie findet man neue Anhänger? Wie sammelt man Informationen? Wie fälscht man Ausweise? Wie begeht man Attentate, kocht Gifte, tötet? Wie übersteht man Verhöre, wie flüchtet man, wie befreit man gefangene Glaubensbrüder? Alles im Namen des Dschihad, des Heiligen Krieges gegen gottlose, abtrünnige Regierungen und ihre ungläubigen Bürger …

In einer seiner Lektionen führt das *Manchester Manual* seine Leser in verschiedene Codes und Kryptogramme ein und unterweist sie in der Verwendung eines alten steganografischen Tricks: der unsichtbaren Tinte. Auch andere geheime Übermittlungstechniken werden vorgestellt, zum Beispiel der Einsatz menschlicher Boten, die verschlüsselte Dokumente überbringen, die im

Flüsterton oder in aller Stille decodiert werden. Dasselbe gilt für Geheimbotschaften über Funk oder über das Internet.

Ein afghanischer Kriegsteppich konnte also sehr wohl für die Übermittlung von Botschaften genutzt werden … Natürlich hätte er den Nachteil, eher unhandlich zu sein, und auch seine Herstellung geht nicht gerade schnell vonstatten. Andererseits hatte gerade diese Kommunikationsform den unschätzbaren Vorteil absoluter Vertraulichkeit, vor allem bei Botschaften ohne Dringlichkeit mit eher langfristigen Zielsetzungen. Orientteppiche haben eine ganz eigene Sprache, ja mehrere Sprachen, in denen sich ihr symbolisches, poetisches, ethnisches oder stammestypisches Vokabular niederschlägt. Außerdem reisen sie in alle Welt. All diese Eigenschaften haben die afghanischen Kriegsteppiche zum beliebten Kommunikationsmittel im afghanischen Opiumhandel werden lassen. Die für den Opiumhandel genutzten Codes finden sich in der Dokumentation, die das *Musée de l'industrie* von Saint-Etienne zur Ausstellung der Kriegsteppiche von Michel Aubry im Jahr 2000 herausgegeben hat. Auch die *Direction académique de l'action culturelle* (DAAC) erwähnt dies in ihrer Dokumentation über afghanische Propagandateppiche.

Doch es gibt ja nicht nur bildliche Hinweise auf das Attentat auf den Nordturm. Ein weiterer Hinweis ist das Datum des beigefarbenen Schriftzugs: das Jahr 1369 des iranisch-afghanischen Kalenders. In unserer Zeitrechnung ist dies die Zeit zwischen dem 21. März 1990 und dem 21. März 1991. In ebendiesem Zeitraum trugen sich zwei ganz wesentliche Ereignisse zu, die ein Jahrzehnt internationaler Attentate nach sich ziehen und im 11. September gipfeln sollten. Zum einen schlossen sich die Veteranen der Islamischen Legion Afghanistan mit anderen Zellen zur al-Qaida zusammen. Zum anderen kam es zur Entweihung des Landes der heiligen Stätten, also Saudi-Arabiens, und zur Zerstörung des Irak. Beides fand zu jener Zeit statt oder nahm damals seinen Anfang.

Das Datum auf dem Teppich fällt folglich zusammen mit der Entstehung der Dschihadisten-Organisation zwischen November 1990 und März 1991. Dazu passt auch eine Reihe weiterer Attentatspläne gegen wichtige Monumente der USA, die vom FBI am 8. November 1990, nach der Ermordung von Rabbi Meir Kahane in Manhattan und der Verhaftung von El Sayyid Nosair, aufgedeckt wurden. Darüber hinaus hielten sich in der Zeit von März 1990 bis März 1991 die Hauptattentäter des 11. September und andere Veteranen des afghanischen Dschihad regelmäßig in Pakistan und Afghanistan auf, also ebendort, wo der Teppich entstanden ist. Und neben ihnen Mitglieder anderer Zellen derselben Stoßrichtung wie al-Qaida, die ihre eigenen Attentatspläne schmiedeten.

Aus mehreren Zeugenaussagen ergibt sich, dass Osama bin Laden während seines Aufenthalts in Afghanistan Mitte der Neunzigerjahre Attentatsprojekte anderer Zellen finanziell unterstützte.

Diese neuen Informationen werfen letztlich eine grundlegende Frage auf: Wie konnte es geschehen, dass dieser Teppich im Wohnzimmer eines Pariser Innenarchitekten landete? Warum wurde er überhaupt an mich verkauft? Wenn der Teppich ein codiertes »Dokument« war, das speziell für eine bestimmte Person oder eine bestimmte Gruppe gedacht war, wieso hatte der Verkäufer ihn mir überlassen? Das wäre doch vollkommen absurd.

Je mehr ich darüber nachdenke, desto klarer wird mir, dass es dafür nur einen Grund geben kann: den Zufall. Die ganze Geschichte beruht ohnehin auf einer äußerst unwahrscheinlichen Verkettung von Zufällen. Ich habe den Teppich zur Mittagszeit gekauft. Wenn ich mich recht erinnere, war der Verkäufer höchstens Mitte zwanzig. Für einen Teppichhändler also relativ jung.

Darüber hinaus war der Teppich ja nicht ausgestellt. Er lag eingeschlagen mit der Rückseite nach oben unter einem Stapel anderer Teppiche hinter einem Schreibtisch in einer Ecke des Ladens.

Ich hatte das Geschäft durchstöbert, ohne etwas zu finden, das mir zugesagt hätte, als ich aus dem Augenwinkel bemerkte, dass dort etwas Blaues lag. Und ich suchte eben gerade etwas in Blau. Nur deshalb hatte der junge Mann den Teppich unter dem Stapel hervorgezogen. Und es hatte durchaus den Anschein, als sähe er das gute Stück genau wie ich zum ersten Mal. Es liegt also auf der Hand, dass er nicht wusste, was er da verkaufte.

Vermutlich war der Besitzer des Ladens zum Mittagessen gegangen. Er hatte ja nicht ahnen können, dass sein junger Stellvertreter ausgerechnet in dieser halben Stunde ein Geschäft abschließen würde. Aus diesem Grund hatte er auch keine Notwendigkeit gesehen, dem jungen Mann zu sagen, dass er diesen Teppich nicht verkaufen dürfe. Der Zeitpunkt des Kaufes, die genaue Vorstellung des Kunden und der Zufall, der mich dann diesen blauen Streifen entdecken ließ – all das sorgte am Ende dafür, dass der Teppich seinen Bestimmungsort nicht erreichte. Eine schlichte Verkettung von Zufällen. Dass der Teppich 1991 in Europa unerwarteterweise an einen Kunden veräußert wurde, muss unter diesen Umständen keineswegs heißen, dass er zum Verkauf gedacht war.

So weit ist meine Rekonstruktion also gediehen, nachdem ich einige Monate Zeit in Recherchen und Analysen investiert habe. Doch meine Arbeit als Innenarchitekt fordert erneut ihren Tribut, und irgendwo reicht es mir im Moment auch mit den Nachforschungen, die ein recht einsamer Job sind. Ich mag das nicht besonders. Doch ich weiß auch nicht, mit wem ich über meine Hypothesen, meine Zweifel, meine Vermutungen hätte sprechen können. Die wenigen Wissenschaftler, die ich für meine Recherchen kontaktiert habe, haben mir einen abschlägigen Bescheid erteilt.

Stück für Stück tritt meine Suche in den Hintergrund.

Zweiter Teil

2008–2013: Auf der Suche nach dem verborgenen Sinn

Kapitel 12

Des Rätsels Lösung – zweiter Anlauf

Erst 2008 nehme ich meine Nachforschungen wieder auf. Zum einen, weil mir mein Beruf wieder etwas mehr Zeit lässt. Zum anderen, weil mir irgendwann bewusst wird, dass ich meine Recherchen zwar mehrere Jahre ruhen ließ, aber von meiner These noch genauso überzeugt bin wie am ersten Tag. Und so beschließe ich, jetzt sozusagen Vollzeit daran zu arbeiten und entsprechend Zeit und Geld in die Sache zu investieren.

Nur damit wir uns nicht falsch verstehen: Nach dem 11. September 2001 habe ich meinen Teppich mit völlig neuen Augen gesehen. Und was ich sah, war so unerwartet, dass ich darüber ein bisschen mehr wissen wollte. Doch wollte ich nicht auf der Welle der Pseudorecherchen mitschwimmen, welche die Verschwörungstheoretiker aller Länder nach dem 11. September ausgelöst haben.

Mein Ziel stand mir stets klar vor Augen: Ich wollte Sinn und Funktion eines Bildwerkes einer ungewöhnlichen Gattung erkunden, das per Zufall in meinen Besitz geraten war. Eines Werkes, dessen klar zutage liegender Inhalt wahrscheinlich mit einem Attentatsplan aus den Jahren 1990 oder 1991 zu tun hat, wofür bestimmte ikonografische Elemente sprechen, die typisch sind für die mediale radikal-islamistische Propaganda seit dem Ende der Achtzigerjahre.

Die Hypothese, die ich aufgestellt habe, beruht auf durchaus greifbaren Fakten, die man durch Untersuchung bestätigen oder widerlegen kann – was ich getan habe. Von Anfang an habe ich mich bei meinen Nachforschungen um wissenschaftliche Genauigkeit bemüht und allenthalben Sachverständigengutachten eingeholt. Ich habe mich des methodischen Zweifels kartesianischer Prägung befleißigt, um jeglichen Fehlschlüssen vorzubeugen.

Als ich mit meinen Recherchen begann, ging es mir vor allem um eines: Ich wollte Entsprechungen und Bezüge aufzeigen zwischen Beobachtungen, die ich am Teppich gemacht hatte, und Personen, Tatsachen und Ereignissen aus der Zeit seiner Entstehung. Ziel dieser Bemühungen war, Aspekte hervorzuheben, die auf den ersten Blick bedeutungslos erschienen, auf den zweiten Blick aber durchaus eine gewisse Relevanz erkennen ließen. Ich bin zu keinem Zeitpunkt davon ausgegangen, dass der blaue Teppich in meinem Wohnzimmer tatsächlich eine direkte Verbindung zu den Personen und Tatsachen hatte, die ich exemplarisch zur Erläuterung seiner Motivik bzw. Symbolik herangezogen habe.

Jetzt, da ich meine Nachforschungen wieder aufnahm, wollte ich methodisch vorgehen: Ich wollte den Teppich lesen lernen. Zu diesem Zweck musste ich ihn dechiffrieren. Der sinnvollste Schritt schien mir, mehr über seinen Stil herauszubekommen. Da jeder Teppich seine eigene Sprache hat und seine ureigene Art, die Wirklichkeit in Bilder zu übersetzen, musste ich zu verstehen suchen, welches grafische und symbolische Vokabular er benutzte. Im Klartext: Ich musste versuchen, meinen Teppich im Kontext der Kriegsteppiche, wie sie zwischen März 1990 und März 1991 in Afghanistan entstanden waren, zu verorten.

Eine der Funktionen dieser afghanischen Teppiche war, dass sie als Propagandainstrument dienten. Aus diesem Grund habe ich versucht, den Teppich vor dem Hintergrund der wichtigsten ideologischen Strömungen seiner Entstehungszeit zu begreifen, die sich im Umfeld des afghanischen Bürgerkriegs gebildet hatten. Das zweite Ziel dieser ersten Dechiffrierphase war, den Teppich so genau wie möglich zu lokalisieren. Ich wollte herausfinden, woher genau er kam, um die Sprache der Schriftzüge in Braun und Weiß zu identifizieren. Da Afghanistan von einer

Vielzahl von Stämmen und Völkerschaften bewohnt wird und in dem Land etwa ein Dutzend Sprachen und circa dreißig Dialekte gesprochen werden, wurde mir schnell klar, dass es wenig Sinn hatte, im Ausschlussverfahren nach einem Übersetzer zu suchen, der diese Schriftzüge lesen konnte.

An dieser Stelle muss erwähnt werden, dass in puncto Datierung und Herkunft des Teppichs keinerlei Zweifel bestehen. Eine eventuelle Fälschung wäre in einem Speziallabor sofort entdeckt worden. Sowohl 1990 als auch 2001 standen eine ganze Reihe von naturwissenschaftlichen Methoden zur Verfügung, die Wollfäden eines Teppichs zu datieren, der etwa einundzwanzig Jahre alt ist. Das ist eine der Eigenheiten von Wolle, die andere Fasern nicht haben. (Siehe dazu das Gutachten des Labors CIRAM, Anhang 2.)

Außerdem wurden für die traditionellen afghanischen Teppiche dieselben Wollfasern verwendet wie für die Kriegsteppiche. Die unglaubliche Vielfalt von Teppichen aus ebendiesen Jahren ermöglicht gründliche Vergleichsstudien, die wiederum die Fehlerquote, die jede Laboruntersuchung gleichwohl hat, erheblich reduzieren.

Kapitel 13
Der blaue Teppich und die Teppiche mit modernen Stadtansichten

Bei meinen Recherchen unmittelbar nach dem 11. September habe ich festgestellt, dass der blaue Teppich zu der Gruppe der Teppiche mit modernen Stadtansichten gehört. Als ich 2008 meine Nachforschungen wieder aufnehme, lese ich erneut die Dokumentationen zum Phänomen der afghanischen Kriegsteppiche, die das gesamte Genre seit seiner Entstehung beschreiben. Entsprechende Studien dazu finde ich vor allem im Internet. Ich verbringe lange Stunden vor dem Bildschirm meines Computers und studiere die Fotos dieser Teppiche, ihre Grundstruktur, ihre Farben, ihre Muster. Eine Reproduktion meines Teppichs finde ich nicht. Und so komme ich zu dem Schluss, dass mein Teppich ein Einzelstück ist. Zumindest sind eventuelle Kopien nie an die Öffentlichkeit gelangt.

Die ersten Kriegsteppiche entstanden in den Achtzigerjahren. Das Datum auf meinem Teppich – 1369, was gleichbedeutend ist mit dem Zeitraum zwischen 1990 und 1991 – passt in diese Chronologie.

Allerdings muss ich feststellen, dass die ersten Teppiche mit Darstellungen amerikanischer oder europäischer Städte erst gegen Ende 2001 bzw. Anfang 2002 auftauchen. Die Darstellung auf dem blauen Teppich ist also ein Anachronismus und entspricht nicht der Zeit. Zwischen der Entstehung meines Teppichs 1990/1991 sowie seinem Kauf im Mai 1991 und dem ersten Auftauchen amerikanischer Stadtpanoramen auf afghanischen Kriegsteppichen liegen also elf Jahre.

Aber ich kann noch einen Unterschied zu den üblichen Darstellungen moderner Städte auf diesen Teppichen herausarbeiten: Während diese, ob nun alt oder neu, entweder keine oder nur sehr kleine Textbänder aufweisen, ist das Element Schrift auf meinem Teppich zentral. Die Schriftzüge sind groß und nehmen viel Platz ein. Unter allen Teppichen mit modernen Stadtansichten habe ich nicht einen einzigen gefunden, bei dem die Schriftzüge ein so zentrales Gestaltungselement darstellen.

Und noch etwas mutet merkwürdig an: die Wahl von arabisch-persischen Buchstaben für die Texte. Auch dies ist einzigartig unter den afghanischen Kriegsteppichen aller Kategorien. Etwa 70 Prozent der Textelemente auf den Teppichen sind in englischer Sprache, die restlichen 30 Prozent sind gemischt: Englisch, Dari, Farsi und andere Sprachen, die in Afghanistan gesprochen werden. Doch wenn diese Teppiche Schriftzüge tragen, dann selten in dieser Größe.

Wenn ich meinen Teppich mit den modernen Stadtdarstellungen auf afghanischen Teppichen vergleiche, fallen also zumindest drei Anomalien auf, die mit den Textelementen zusammenhängen: zum einen das schlichte Vorhandensein von Schriftzügen, dann deren prominente Platzierung im Bild und schließlich die verwendete Sprache. Auch die Verwendung des Stilmittels der expressiven Typografie ist für diese Teppiche ungewöhnlich und hebt den blauen Teppich von den anderen ab. Zu all diesen durchaus bemerkenswerten Tatbeständen kommt noch ein weiterer hinzu: der Anachronismus der Darstellung einer amerikanischen Stadt auf einem Teppich aus dem Jahr 1990.

Nachdem ich stundenlang alle mir zugänglichen Onlinequellen zum Phänomen der Kriegsteppiche durchforstet habe, muss ich mich der Einsicht beugen: Die Gesamtheit der oben aufgezählten Anomalien zeigt sich bei keinem einzigen der Teppiche mit modernen Stadtansichten, die im Internet zu finden sind, und das sind keineswegs wenige, denn das Phänomen erregt schon seit mehr als dreißig Jahren die Aufmerksamkeit der Käufer und Forscher.

Nun möchte ich gerne noch wissen, woher dieser Teppich kommt. In welcher Gegend von Afghanistan wurde er geknüpft? Diese Information ist jetzt unverzichtbar geworden.

Kapitel 14
Auf der Suche nach der geografischen Herkunft

Wie aber kann ich herausfinden, woher genau mein Teppich kommt? Dazu fällt mir nur eines ein: Ich muss einen Experten konsultieren.

Als ich im Jahr 2001 meine Nachforschungen rund um den Teppich begann und Rat von verschiedener Seite einholte, hatte ein Übersetzer mir von jemandem erzählt, der mir helfen könne, die Schriftzüge zu entziffern. So klar nämlich die bildliche Darstellung auf dem Teppich zu identifizieren war, so schlecht war es um die Entzifferung der Textelemente bestellt, wenn man nicht einen echten Kenner Afghanistans an der Hand hatte. Mein Experte ist Afghane und lehrt an der Universität. Außerdem verkauft er seit über dreißig Jahren afghanische Teppiche. Er lebt in Montpellier. Ich nehme den Zug dorthin.

Sein Geschäft liegt in einer kleinen, schattigen Straße, mitten im Stadtzentrum. Innen drin ist es genauso dunkel wie draußen. Der Laden besteht aus einem einzigen Raum, dessen Boden und steinerne Wände von Teppichen bedeckt sind. Der Afghanistan-Spezialist scheint etwa sechzig Jahre alt zu sein. Er ist mittelgroß und wirkt kräftig. Seine weißen Haare und der gepflegte Bart umrahmen ein schmales Gesicht mit Schildpattbrille. Er strahlt eine gewisse Autorität aus, die trotzdem etwas Einladendes hat. Seine Zuvorkommenheit, sein kaum merklicher Akzent bringen die ganze Wärme des Orients in diesen Raum. Er lebt seit dreißig Jahren in Frankreich und erklärt mir, er habe verschiedene Bücher über Afghanistan geschrieben. In Frankreich organisierte er diverse Tagungen zum Thema und war 2005 Berater des Landwirtschaftsministeriums in Kabul.

»Ich suche Sie auf wegen eines afghanischen Teppichs, den ich vor etwa fünfzehn Jahren gekauft habe und zu dem ich Ihre Meinung hören möchte.«

»Ja, gern. Aber haben Sie ihn denn nicht mitgebracht?«

»Ähm, nein ... Aber ich habe eine Fotografie dabei.«

»Das ist allerdings nicht üblich. Wie soll ich denn einen Teppich nach einem Foto beurteilen? Ich nehme meinen Beruf durchaus ernst, mein Herr!«

»Daran zweifle ich nicht. Nur ist der Teppich recht groß und ausgesprochen wertvoll.«

»Wertvoll? Das hört sich ja recht merkwürdig an!«

»Nun, er hat für mich einen enormen Wert, auch wenn der Marktwert nicht so hoch sein mag.«

»Ich verstehe. Dann kann ich Ihnen nur zu Ihrem Interesse an unserem Land gratulieren. Es ist ein großes, ein schönes Land. Ich bin ja Agraringenieur und habe als solcher das Landwirtschaftsministerium in Afghanistan bei seinen Projekten unterstützt.«

»Sie standen also der afghanischen Regierung nahe. Darf ich Sie fragen, wie Sie die aktuelle Situation einschätzen?«

»Ich bin sehr enttäuscht. Und zwar nicht von meinem Land, sondern von dem, was dort vor sich geht und was der Westen dort treibt. Aber hier in Frankreich und im Westen im Allgemeinen bekommt davon kaum jemand etwas mit.«

Damit beginnt nun ein längerer Diskurs über Afghanistan und das, was dort geschieht beziehungsweise nicht geschieht.

Was allerdings meinen Teppich angeht, kann er mir nicht mehr sagen als das, was ich ohnehin schon weiß. Er erkennt die Brooklyn Bridge nicht. Hilfreich ist er vor allem, was die Übersetzung angeht.

Ich suche ihn noch ein zweites Mal auf. Als ich den Laden betrete, erkennt er mich gleich. Ich merke an seinem Gesichtsausdruck, dass er mich nicht gerade gerne sieht. Wir tauschen ein paar belanglose Phrasen aus. Ich habe den Eindruck, dass er jetzt vor mir auf der Hut ist. Jedenfalls bleibt er reserviert. Er wirkt erstaunt, dass man ihm über einen Teppich solche Fragen stellt, wie ich das tue. Weiß er vielleicht längst, was ich herausfinden werde?

Das zweite Gespräch fällt recht kurz aus: Er setzt mich mehr oder weniger vor die Tür und gibt mir zu verstehen, dass er Besseres zu tun hat, als eine Expertise zu einem Teppich abzugeben, den ich noch nicht einmal mitgebracht habe.

Unsere dritte Begegnung wird fast zwei Jahre später stattfinden, nach 2008. Nun erklärt er mir, er sei so kurz angebunden gewesen, weil er dachte, ich sei vielleicht vom Geheimdienst und wolle mich über ihn und seine Aktivitäten informieren. Er scheint jetzt viel gelassener als damals, aber immer noch nicht ganz überzeugt.

Ich sitze ihm in seinem Laden gegenüber und höre ihm zu, wie er lange über sein Land redet. Auch ein paar rudimentäre Informationen über die Teppichknüpferei der Nomaden in Afghanistan erhalte ich.

Ich verlasse ihn mit zwiespältigen Empfindungen.

Als ich wieder zu Hause bin, kann ich mich eines Gefühls der Enttäuschung nicht erwehren. Ich bin immer noch keinen Schritt weitergekommen, was die geografische Herkunft meines Teppichs angeht. Dabei ist dies meiner Ansicht nach einer der Schlüssel zu seinen Geheimnissen. Wenn ich weiß, wo dieser Teppich hergestellt wurde, käme ich vielleicht vorwärts. Ich muss mir wohl einen anderen Sachverständigen suchen.

Also ziehe ich da und dort ein paar Fäden, und schon nach wenigen Tagen habe ich einen Mann in Toulouse gefunden, der ebenfalls als Sachverständiger für afghanische Teppiche gilt, ja sogar als Gerichtsgutachter tätig ist. Er reist häufig nach Afghanistan und verkauft ebenfalls Teppiche.

Auch ihn suche ich in seinem Geschäft auf, das im Gegensatz zu dem Laden in Montpellier hell erleuchtet ist. Unter den ausgestellten Stücken überwiegen Teppiche in hellen Tönen. Anders als der ein bisschen förmliche Experte in Montpellier macht dieser den Eindruck eines echten Bonvivants. Auch er ist um die sechzig und mittelgroß, hat weißes Haar und ein kleines Bäuchlein. Er ist recht schlicht gekleidet: weißes Hemd, beigefarbene Hose.

»Ich möchte Ihre Meinung zu der figürlichen Darstellung im Mittelfeld dieses Teppichs hören.«

»Ich kann darin nichts Außergewöhnliches entdecken.«

»Ich sehe darin, wenn Sie erlauben, eine Nachbildung der Brooklyn Bridge.«

»Ah!« Seine Miene verdüstert sich. »Ehrlich gesagt bin ich mir da nicht sicher … Natürlich ist dies eine Stadtlandschaft, aber ob es wirklich New York ist? Nein, die Brooklyn Bridge sehe ich darin nicht.«

Sein Kompagnon, der ebenfalls anwesend ist, mischt sich ein.

»Also, ich würde auch denken, dass es die Brooklyn Bridge ist. Ich finde, das sieht sogar recht ähnlich aus. Da, schau nur, die Brücke, die Wolkenkratzer dahinter …«

Der Experte verzieht das Gesicht. Er wechselt das Thema und lässt sich des Langen und Breiten über ein Thema aus, über das man mir schon mehrfach Vorträge gehalten hat: die reiche Fantasie der Afghanen.

Und liefert mir nebenher eine aberwitzige Interpretation der Flugzeuge:

»Wissen Sie, das könnten auch Fliegende Fische über dem Amudarja sein, einem Fluss im Norden Afghanistans, der die Grenze zu Tadschikistan, Usbekistan und Turkmenistan bildet. Einer seiner Nebenflüsse ist der bekannte Kunduz.«

»Sind Sie da sicher? Fliegende Fische? Für mich sieht das mehr nach einem Flugzeug aus: die Flügel, die Form und Verteilung der Fenster …«

»Ja, vielleicht …«

Ich bin nicht ganz überzeugt, aber ich will mich nicht mit ihm streiten. Er fährt fort:

»Sie hatten noch eine Frage, glaube ich?«

»Ja, ich würde gerne wissen, welches Datum auf dem Teppich angegeben ist.«

»Ah.«

Er besieht sich das Datum, denkt lange nach und schüttelt bedenklich den Kopf. Dann erhebt er sich, geht in den angrenzenden Raum und nimmt einen Taschenrechner von seinem Schreibtisch. Nun gibt er sich seinen zweifellos klugen Berechnungen hin, löscht alles, fängt noch einmal an, hebt die Augen zum Himmel, kaut auf seinem Kugelschreiber herum. Amüsiert verfolge ich seinen Kampf mit dem Rechner. Einige Minuten ist er zugange, als plötzlich ein Triumphschrei ertönt:

»Ich hab's! Es ist nämlich recht kompliziert, ein Datum in die islamische Zeitrechnung umzurechnen. Es handelt sich um das Jahr 1949.«

Ich ziehe eine Augenbraue nach oben, verberge mein Erstaunen und sage kein Wort dazu.

»Gut, ich schreib's auf. Und woher kommt der Teppich wohl?«

»Die Machart deutet aufs afghanische Belutschistan hin.«

Wir verabschieden uns. Er verspricht, mir sein Gutachten per Post zu schicken. Ich verlasse den Laden und nehme ziemlich verwirrt den Zug nach Hause.

Ich konsultiere nun schon seit einigen Jahren Webseiten, die sich mit afghanischen Kriegsteppichen beschäftigen, und habe eine umfangreiche Dokumentation zusammengetragen. Dabei habe ich viele universitäre Sites genutzt, vor allem solche aus Australien. Wie die Seite »Rugs of War« von Nigel Lendon und Tim Bonyhady, die seit 2004 alle zwei Monate das Neueste über die afghanischen Kriegsteppiche veröffentlichen. Und erst jetzt erkenne ich, dass die besten Spezialisten nicht jene sind, die mit den Teppichen Geld machen, sondern die Forscher und Kuratoren in den Universitäten und Museen und die Sammler.

Natürlich habe ich nicht viele sogenannte »Experten« konsultiert, aus einem einfachen Grund: Die Zahl derer, die sich auf afghanische Kriegsteppiche verstehen, ist recht überschaubar. Das ist nur zu verständlich: Der Großteil der afghanischen Kriegsteppiche hat keinen so hohen finanziellen Wert, dass eine Expertise sich lohnen würde. Meist ist das Gutachten teurer als der Teppich. Die erste Expertise hat mich 250 Euro gekostet. Und mein Teppich ist ohnehin eine Ausnahmeerscheinung im Gesamtspektrum der traditionellen Teppiche. Afghanische Kriegsteppiche machen nur etwa 1 bis 2 Prozent der afghanischen Teppichproduktion aus.

Ein weiterer Experte (siehe Gutachten von Roland Gilles, Anhang 3) erkennt wie Philippe Emir die Brooklyn Bridge auf meinem Teppich. Ich habe also nicht geträumt.

Kapitel 15

Das afghanische Belutschistan

Ein paar Tage später kommt der Brief aus Toulouse. Endlich! Die Überraschung allerdings ist groß! Ich habe keine Wunder erwartet, doch von diesem Minimalgutachten bin ich wirklich enttäuscht. Gut, mein Experte informiert mich über die wahrscheinliche geografische Herkunft. Doch leider versteht er die Schriftzüge nicht und kann sie nicht übersetzen. Und er versteift sich darauf, den iranisch-afghanischen Sonnenkalender in den Mondkalender der islamischen Zeitrechnung umzurechnen. Deshalb kommt er auch auf das Jahr 1949. Außerdem gibt er im Gutachten gar kein Datum an und zum Teppichmotiv ebenfalls kein Wort. Dafür lässt er mich 250 Euro berappen! (Siehe Gutachten, Anhang 1.)

Aber was soll der Geiz! Wenigstens weiß ich jetzt, aus welcher Gegend mein Teppich kommt: aus dem afghanischen Belutschistan oder einem der Flüchtlingslager, in denen sich Menschen aus dieser Region aufhielten. Der Experte kam zu diesem Ergebnis aufgrund der speziellen Knüpfart und der Art der verwendeten Textilfasern. Die Teppiche aus dem afghanischen Teil Belutschistans unterscheiden sich von denen aus dem pakistanischen Teil durch ihre Kette, also die Längsfäden im Teppichgewebe, die an den Enden in Fransen auslaufen. Die Kettfäden der afghanischen Belutschen sind wie die meines Teppichs aus Wolle, während die der pakistanisch-belutschischen Teppiche aus Baumwolle sind. Die Knoten sind vom Senneh-Typ.

Belutschistan. Bevor ich diesen Brief öffnete, wusste ich noch nicht einmal, welche Weltgegend damit gemeint war. Doch ich erinnere mich gelesen zu haben, dass zwischen 1980 und 1990 20 bis 30 Prozent der afghanischen Kriegsteppiche von afghanischen, halbnomadisch lebenden Belutschen geknüpft wurden. (Siehe Anhang 3 und das Gutachten von Berdj Achdjian, Anhang 4.) Mein Teppich gehört also zu diesem Drittel der Belutschen-Teppiche!

Natürlich schaue ich sofort, was ich über Belutschistan herausfinden kann. Es handelt sich um eine Wüsten- und Steppenregion, die von weniger ariden Zonen gesäumt ist. Sie liegt im Südwesten Zentralasiens. Die Belutschen sind ein iranischstämmiges Volk. Belutschistan wurde gegen Ende des 19. Jahrhunderts geteilt. Damals erstreckte es sich vom Arabischen Meer im Süden Pakistans bis an die Grenze zu Turkmenistan und Usbekistan im Norden Afghanistans. Das heutige afghanische Belutschistan liegt im Südwesten des Landes und umfasst die südlichen Teile der Provinzen Kandahar, Helmand und Nimruz südlich vom Hindukusch, nahe der pakistanischen Grenze. Einen großen Teil des Gebiets macht die Wüste Rigestan, das »Sandland«, aus.

Die Bevölkerung Belutschistans zählt etwa fünf bis sechs Millionen Menschen, die teils im Iran, teils in Pakistan und Afghanistan leben. Der Großteil lebt in der pakistanischen Provinz Belutschistan im Südwesten Pakistans. Die beiden nächstgrößeren Bevölkerungsteile finden sich im Iran, wo eine Million Belutschen leben, und in Turkmenistan mit immer noch 28 000 Belutschen.

Die belutschische Bevölkerung Afghanistans umfasste zwischen 1980 und 1990 etwa 100 000 bis 200 000 Personen. Das sind circa 0,2 Prozent der Gesamtbevölkerung Afghanistans. Sie sind auf ungefähr fünfhundert Stämme verteilt, Halbnomaden und leben von Landwirtschaft, Viehzucht und dem Verkauf ihrer Teppiche. Seit der sowjetischen Besetzung hat sich auch ein schwunghafter Handel mit Waffen und Opium entwickelt. Zwischen 1990 und 1991 kontrollierten die afghanischen Belutschen die Grenzregion zu Pakistan zwischen Kandahar und Quetta. Sie sind größtenteils hanafitische Sunniten, haben sich aber zahlreiche lokale Glaubensformen und Kulte bewahrt. Ihre Sprache, das

Belutschi, gehört zu den iranischen Sprachen indoeuropäischen Ursprungs.

1990 litt das afghanische Belutschistan sehr unter dem Bürgerkrieg. Außerdem musste es Hunderttausende Flüchtlinge aufnehmen und unterbringen, die aus Pakistan, Iran und anderen Ländern zurückkamen.

Ich habe zwei afghanische Kriegsteppiche gesehen, die 1990 entstanden sind und eines der drängendsten Probleme Belutschistans in dieser Zeit ansprechen. Auf einem der beiden Teppiche steht: »Wo du eine Mine liegen siehst, gibt es noch viele andere um sie herum.« Auf dem anderen: »10 bis 30 Millionen Landminen hindern die Afghanen an der Rückkehr in die Heimat.« 1990 gehörten Kandahar und Umgebung zu den drei am stärksten verminten Orten der Welt. Damals standen die Minenräumarbeiten noch ganz am Anfang. Tatsächlich zerstörten die Mudschaheddin in Kandahar ganze Häuser, um sich auf deren Trümmern sicher durch die Stadt zu bewegen, statt auf den Straßen vielleicht Opfer von Landminen oder Heckenschützen zu werden.

Ob Mudschaheddin, Klans, Stämme, Kriegsherren, Taliban oder Geheimdienste – alle führten sie 1990 Krieg in Belutschistan, jeder seinen eigenen.

Ich suche in meinem Arbeitszimmer Jean-Pierre Filius Buch *Les frontières du jihad*. Darin fasst er den Bürgerkrieg in Afghanistan wie folgt zusammen: »Aus den kleinen, lokalen Kriegen, die meist nicht einmal die ganze Provinz betrafen, konnte sich keine umfassende nationale Befreiungsbewegung entwickeln.«

Kurz danach fällt mir das Buch von Ahmed Rashid in die Finger: *L'ombre des talibans*. Darin erklärt er, dass im Juli und November 1990 der afghanische »Rat der Kommandanten« aus nicht weniger als 300 Kriegsherren bestand, die allesamt unterschiedliche Ziele verfolgten. Darüber hinaus gab es im selben Jahr eine politische Krise: Mehrere marxistische Gruppen in Belutschistan verfolgten separatistische Bestrebungen. Dies zusammen mit der Ausbreitung der Taliban führte zur weiteren Destabilisierung der Region. Mullah Omar, der Talibanführer, weitete seinen Einfluss im afghanischen Belutschistan zu jener Zeit massiv aus. Er war 1989 aus dem pakistanischen Exil zurückgekehrt und hatte angefangen, in der Region um Kandahar zahllose Koranschulen, Madaris, zu gründen, so wie er dies bereits in den pakistanischen Flüchtlingslagern getan hatte.

Zwischen 1990 und 1991, auf dem Höhepunkt des afghanischen Bürgerkriegs, war Belutschistan Durchgangsstation für Hunderttausende Menschen. Das Einzige, was sie vereinte, war der Kampf – im Bürgerkrieg ebenso wie im Waffen- oder Drogenschmuggel. Doch der härteste Kampf war zweifellos der ums Überleben, um den Wiederaufbau der Infrastruktur und der vollkommen daniederliegenden Landwirtschaft.

An diesem Punkt greife ich auf die Werke von Rohan Gunaratna zurück. Gunaratna stammt aus Sri Lanka, lehrt an der Universität und gilt als Spezialist für internationalen Terrorismus. Außerdem forscht er an der Universität Saint Andrews in Schottland über Terrorismus und politische Gewalt. Für die UNO hat er als Berater zur »Prävention terroristischer Aktivitäten« gearbeitet. Er meint, dass im Jahr 1990 nur sehr wenige Menschen aus dem Westen oder Ausländer im Allgemeinen es wagten, einen Fuß in dieses minenverseuchte, von Maschinengewehrkugeln durchpeitschte Land zu setzen. Zwischen 1990 und 1991, aber auch zu anderen Zeiten, gehörte der Landstrich zwischen Kandahar und Quetta zu den gefährlichsten Gegenden Afghanistans. Und 1994 ergriffen die Taliban die Macht in Kandahar.

Na also! Jetzt weiß ich etwas mehr über Belutschistan. Und was von all diesen Informationen stützt nun meine Sicht der Dinge? Nun, da gibt es gewisse Elemente, die die Entstehung meines Teppichs angehen und die sich in Verbindung bringen lassen mit den Ursprüngen des 11. September und seinen Vordenkern. Da ist zum Beispiel Kandahar, die künftige Hauptstadt von Mullah Omar, die 1990 Durchgangsstation, Wohnort oder Treffpunkt von Osama bin Laden, Aiman az-Zawahiri und Khalid Scheich Mohammed war. Letzterer stammt aus dem afghanischen Belutschistan. Dort schloss im Winter 1989/1990 Bin Laden Freundschaft mit Mullah Omar, bevor er nach Saudi-Arabien zurückkehrte. Nach Aussage von Khalid Scheich Mohammed hat Bin Laden 1999 in Kandahar zugesagt, den Flugzeugangriff finanziell zu unterstützen.

Und es gibt noch mehr Überschneidungen …

Die Information über die geografische Herkunft des Teppichs ist auch von Bedeutung, weil sie einen Hinweis auf die Sprache gibt, in der die Schriftzüge verfasst sein könnten. Doch ganz so einfach geht es auch hier nicht: Die Belutschen sprechen nämlich nicht alle die gleiche Sprache. Sie sprechen Belutschi, Farsi oder Dari, die Sprachen des iranischen Zweigs der indoeuropäischen Sprachfamilie. Tatsächlich weist Belutschi Gemeinsamkeiten mit dem Persischen beziehungsweise dem Iranischen, dem Paschtu, dem Arabischen und Turkmenischen auf. Farsi oder Dari hingegen ähnelt mehr dem modernen Persisch.

Und wie soll ich nun herausfinden, in welcher Sprache die Schriftzüge auf meinem Teppich verfasst sind?

Ich komme mir vor, als hätte sich gerade das Meer zu meinen Füßen geteilt … Mein Weg, der bisher so krumm verlief und mehr vom Zufall bestimmt war, breitet sich nun gerade vor mir aus. Ich scheine dem Sinn der Textelemente allmählich auf die Spur zu kommen. Sicher weiß ich bald Näheres.

Kapitel 16
Die Schriftzüge: Das Geheimnis lüftet sich

Bisher haben meine Recherchen vor allem eines zutage gefördert: Mein Teppich ist weder ein einfacher Teppich mit Stadtansichten wie alle anderen noch handelt es sich um einen normalen Kriegsteppich.

Die vier Schriftzüge, die meinem Teppich eingewebt sind, stellen in vielerlei Hinsicht eine Ausnahme im Genre der afghanischen Teppiche mit modernen Stadtansichten dar. Zunächst einmal tragen diese gewöhnlich keine oder nur sehr kleine Textbänder, die darüber hinaus keine andere Funktion haben, als das Motiv des Teppichs genauer zu bezeichnen. Das gilt ebenso für den weißen und den beigefarbenen Schriftzug oberhalb der Brücke, die beide mit dem Stilmittel der expressiven Typografie gestaltet sind. Ein Stilmittel, das ohnehin rar ist, ob nun im Orient oder im Okzident. Jedenfalls findet es sich auf keinem anderen Teppich dieses Stils.

Des Weiteren habe ich herausgefunden, dass für einen afghanischen Teppich mit einer modernen Stadtansicht die Wahl des Dari für die Umsetzung der Textelemente ebenfalls außergewöhnlich ist, da so die Schriftzüge für alle arabischsprachigen Betrachter schwer oder gar nicht lesbar sind. Für alle Englischsprechenden werden sie völlig unverständlich.

Was mag den Ausschlag für diese Entscheidung gegeben haben? Wollte man damit die belutschische Identität unterstreichen? Steckt etwa eine der zahlreichen Separatistenbewegungen dahinter? Das ist zwar durchaus vorstellbar, scheint aber nicht das oberste Ziel des Teppichknüpfers gewesen zu sein. Doch aus welchem Grund fiel seine Wahl dann auf das Dari?

Ich beschließe, um meine weiteren Schlussfolgerungen so gut

wie möglich abzusichern, mich an mehrere Übersetzer zugleich zu wenden. Meine Wahl fällt auf sechs Spezialisten mit unterschiedlichem beruflichem Hintergrund. Zwei sind Universitätsdozenten: ein Persisch-Professor am Institut für Orientalische Sprachen in Paris (INALCO – Institut national des langues et civilisations orientales) und ein Wissenschaftler des CNRS (Centre national de la recherche scientifique), Spezialist für iranische Sprachen. Zwei weitere sind professionelle Übersetzer: eine Muttersprachlerin aus dem Iran und ein Übersetzer für Dari, das afghanische Persisch, der aus Kandahar kommt und auch als Spezialist für persische Kalligrafie gilt. Schließlich zwei afghanische Teppichhändler. Einer lebt im afghanischen Masar-e Scharif und ist Berater eines französischen Gerichtsgutachters. Der andere ist Paschtune, hat in Frankreich mehrere Universitätsabschlüsse erworben und arbeitet auch dort.

Zusätzlich setze ich mich noch mit dem Ethnologen Laurent Dessart in Verbindung, ebenfalls Afghanistan-Experte. Ich bin bei meinen Recherchen im Internet auf ihn gestoßen. Er ist Spezialist für Paschtu, neben Dari die wichtigste Amtssprache Afghanistans. Von ihm erfahre ich, dass die Sprache der Schriftzüge auf meinem Teppich Dari ist.

Aufgrund seiner außergewöhnlichen Kenntnisse der afghanischen Sprachen werde ich ihm die sechs Übersetzungen zur Prüfung vorlegen. Er hat sich von 1987 bis 1992 immer wieder im Land aufgehalten und kennt die dortigen Verhältnisse zu ebenjener Zeit, als der Teppich entstand, aus eigener Anschauung.

Was bei den sechs Übersetzungen herauskommt, ist zumindest erstaunlich. Aber das war ja zu erwarten gewesen … Und ich hatte mir Klärung erhofft, stattdessen: lauter neue Rätsel!

Alle Übersetzer lesen das Datum in Beige oberhalb der Brücke gleich: 1369. Wie ich bereits weiß, ein Jahr im iranischen Sonnenkalender, der in Afghanistan benutzt wird: Es dauerte vom 21. März 1990 bis zum 21. März 1991.

Die Übersetzung der anderen drei Schriftzüge aber variiert von Übersetzer zu Übersetzer. Ich habe die Textelemente mit Buchstaben versehen, um sie zu unterscheiden (siehe Anhang 4). Schriftzug C ist nur auf der Rückseite des Teppichs zu lesen, Schriftzug D hingegen auf der samtigen Vorderseite.

Schriftzug B, die weiße Schrift oberhalb der Brücke, wird vom Professor der INALCO und dem Wissenschaftler des CNRS als unleserlich eingestuft. Die iranische Übersetzerin und der Teppichhändler aus Masar-e Scharif schlagen dafür folgende Übersetzung vor: »Diese Arbeit ist das Werk von Shain oder Moin.« Doch lasse sich dies aufgrund der schlechten Lesbarkeit nicht definitiv sagen. Der afghanische Übersetzer hingegen kommt auf: »Dieses Werk ist das Wort Shilas« oder »Durch dieses Werk hat Shila sein Denken ausgedrückt«.

Shila ist ein weiblicher Vorname, was nun nicht ganz zum Gebot der Anonymität für Frauen in Afghanistan passt, meint Laurent Dessart. Es könne daher auch sein, dass dieser Name – was selten vorkommt – doch ein Männername ist. Oder dass es sich um einen Transkriptionsfehler handelt. Die meisten Übersetzer geraten bei diesem Textelement ins Straucheln. Die anderen Vornamen, die sie darin zu erkennen meinen, waren Shain oder Moin.

Was Schriftzug C angeht, so lesen der INALCO-Professor und die iranische Übersetzerin (die dafür jedoch auch andere Vorschläge unterbreitet hat) ihn als »Stadt Istanbul«. Der CNRS-Wissenschaftler und der afghanische Teppichhändler lesen hier: der Monat Sonbola, ein Monat aus dem afghanischen Kalender, die Zeit zwischen dem 23. August und dem 22. September.

Der afghanische Übersetzer hingegen wartet mit einer völlig anderen Übersetzung auf: »der Flaum Shilas«. Seiner Ansicht nach stellt Schriftzug C den Anfang eines Satzes dar, der mit Schriftzug D endet. Schriftzug D wiederum deutet er als *dawlat shahi*, »ein königliches oder göttliches Gut«. Bringt man C und D in die richtige Ordnung, hieße der Satz: »Der Flaum Shilas ist ein königliches oder göttliches Gut.« Wenn man den »Flaum« nun auf die samtige Vorderseite eines Teppichs bezieht, wäre damit eine Wertschätzung des Teppichs vonseiten seines Schöpfers gemeint. Also: »Der Samt Shilas ist ein königliches oder göttliches Gut.« Oder: »Der Samt Shilas ist ein königlicher oder göttlicher Schatz.«

Der Begriff »göttlich« wurde gewählt, weil die Anspielung auf etwas »Königliches« im Afghanistan von 1990 bis 1991 ein Anachronismus wäre.

Für Schriftzug D geben der INALCO-Professor und die iranische Übersetzerin an: »das Land der Türken«. Der CNRS-Wissenschaftler und der afghanische Teppichhändler hingegen lesen: *dawlat shahi,* »der königliche Schatz«.

Der Teppichhändler aus Masar-e Scharif legt für Schriftzug C und D keine Übersetzung vor. Wieso das? Nun, die Provinz Masar-e Scharif liegt im Norden Afghanistans, während die Region um Kandahar im Südwesten liegt. Zwischen den beiden Regionen erhebt sich hoch der Hindukusch. Die Teppiche, die um Masar-e Scharif verkauft werden, sind Wasiris aus unterschiedlichen Gebieten, vorzugsweise aus Turkmenistan. Mein blauer Teppich passt von der Gestaltung her nicht in diese Gruppe. Der Schriftzug *dawlat shahi,* den sowohl der CNRS-Wissenschaftler als auch der afghanische Teppichhändler in Frankreich und die afghanische Übersetzerin identifiziert haben, kann »königlicher Schatz« heißen, doch er könnte auch auf ein afghanisches Dorf verweisen: auf Dawlat Shahi im Distrikt Dawalatabad im Norden Afghanistans, in der Gegend um Masar-e Scharif, nicht weit von Balkh. Dass der Teppichhändler aus Masar-e Scharif darin keinen Verweis auf das Dorf in seiner Nähe sehen kann, mag daran liegen, dass dieser Schriftzug möglicherweise gar keine Ortsangabe ist. Oder dass der Ort im Norden Afghanistans sich nicht so schreibt, wie man ihn auf dem Teppich liest. Möglicherweise dient der Begriff *dawlat shahi* nur in bestimmten persischsprachigen Gegenden zur Bezeichnung eines Ortes oder eines Gebiets.

Denn der Spezialist vom CNRS meint, *dawlat shahi* könne auch heißen: »allerhöchstes Glück«. Dieser Ausdruck bezeichne einen Eingriff »von oben« in den Lauf der Dinge. Ganz banal gesagt wäre das etwas wie »Viel Glück!«.

So ganz von der Hand zu weisen ist diese Lesart meiner Ansicht nach nicht, gerade im Kontext eines Attentatsplanes mit ungewissem Ausgang und in Anbetracht der auf Sakrales und Glaubensdinge verweisenden Motive, die unsere Analyse bei einzelnen Elementen an den Tag gebracht hat. Im speziellen Fall wird zudem ja ein besonders hoher Einsatz von den Mitverschwörern gefordert wie auch von den Attentätern, die als Kamikazepiloten ihr Leben opfern. Kein Wunder also, dass das Glück angerufen wird, in seiner göttlichen, allerhöchsten Form. Auch wenn die Konsequenzen des Plans mörderisch waren.

Was mich beschäftigt, ist die Tatsache, wie es zu derart unterschiedlichen Übertragungen kommen kann. Wie ist es möglich, dass die einzelnen Übersetzungen so stark voneinander abweichen? Eine erste Erklärung liefert uns die Produktionsweise von afghanischen Propagandateppichen. Zunächst einmal wird die Gestaltung des Teppichs auf Papier gebannt. Dann setzt der Weber sie mit Kett- und Schussfäden um. 1990 konnten 87 Prozent der Weber nicht lesen. Wenn ein Kopist aber Buchstaben und Wörter überträgt, deren Sinn er nicht versteht, kann es sehr leicht zu Fehlern kommen, was bei den afghanischen Kriegsteppichen häufig der Fall war. Das erinnert ein wenig an die Bibeln des Mittelalters, die auch häufig fehlerhaft abgeschrieben wurden. Bei der Umsetzung der Vorzeichnung auf dem Webstuhl kann es also zu Irrtümern gekommen sein. Andererseits ist die Lesbarkeit von Kalligrafien auf Teppichen, die nur wenige Knoten pro Quadratzentimeter aufweisen, ohnehin eingeschränkt. Beides stellt für die Übersetzung ein Problem dar. Die geringe Knotendichte und die geometrischen Motive machen eine Darstellung mit scharfen Kanten unmöglich, ein Effekt, der durch die verschlungene Form der arabisch-persischen Buchstaben noch verstärkt wird. Das gilt ganz besonders für Schriftzug B. Der Treppeneffekt, der sich vor allem bei den runden Formen und den Diagonalen bestimmter Buchstaben bemerkbar macht, kann leicht dazu führen, dass sich die Gestalt eines Wortes verändert und damit auch sein Sinn.

Eine andere Erklärung für die verschiedenen Formen wäre eine kulturelle Eigenheit, die die persische Welt von der Zentralasiens unterscheidet. Laurent Dessart, der CNRS-Wissenschaftler und der afghanischstämmige Übersetzer gehen davon aus, dass die Schöpfer des Teppichs die Technik der »geheimen« Übertragung verwendet haben, die im mittleren Orient und im persischsprachigen Raum verbreitet war. Dies waren spezielle poetische Codes, die seit dem 13. Jahrhundert von Sufis oder persischen Dichtern verwendet wurden, um der religiösen und politischen Zensur zu entgehen. In diese Gruppe gehören auch bestimmte Formen der arabischen Numerologie sowie der Hurufismus, eine esoterisch-islamische Denkschule des 13. Jahrhunderts, die ihre Wurzeln in der hebräischen Gematria und der Kabbala hat. Zwei typisch orientalische Interpretationsansätze für Texte, die im christlichen Bereich kein Äquivalent haben. Daraus ergibt sich ein völlig anderer Umgang mit Texten. Es ist also gar nicht weiter erstaunlich, dass es zwei oder drei verschiedene Lesarten von Schriftzügen gibt, die einander überlagern können, ohne einander aufzuheben – wenn sie bewusst so angelegt wurden, dass sie mehrere Lesarten zulassen.

Der professionelle Übersetzer afghanischen Ursprungs macht mich darauf aufmerksam, dass das »a« von Sonbola im Schriftzug C gar nicht ausgeführt ist. Wie gesagt, für dieses Textelement gibt es drei mögliche Lösungen: die Stadt Istanbul, Sonbola und der »Flaum Shilas«. Sonbol ohne »a« bedeutet »Hyazinthe« oder

»der Monat der Jungfrau«. In bestimmten Sprachregionen Afghanistans ist der Monat der Jungfrau die Zeit zwischen dem 23. August und dem 22. September, der Monat Sharivar des persischen Kalenders. Das wäre genau die Zeit, die dem afghanischen Monat Sonbola entspricht. Dieser orthographische Fehler würde also nichts am Zeitpunkt ändern, es wäre immer noch der Monat vom 23. August bis zum 22. September.

An diesem Punkt meiner Nachforschungen macht sich erneut Verwirrung breit. Welcher Übersetzungsversion soll ich nun Glauben schenken? Wem kann man am meisten vertrauen? Und mit welcher Lösung soll ich jetzt weitermachen?

Der lange Weg der Suche nach der Wahrheit ist wirklich mit Hindernissen gepflastert. Immer, wenn ich etwas herausgefunden habe, kommt der nächste Rückschlag und ich bin entmutigt, so wie heute.

Und schließlich schlägt Experte Nummer 7 noch eine weitere Übersetzung vor (siehe Anhang 3).

Kapitel 17
Licht am Ende des Tunnels
2010

Hin und her gerissen zwischen den verschiedenen Übersetzungen gehe ich mit mir selbst zurate. Wenn ich vorankommen will, brauche ich eine klare, eindeutige Expertenmeinung, die mir hilft, bei den einzelnen Versionen die Spreu vom Weizen zu scheiden.

Ich beschließe, Laurent Dessart persönlich aufzusuchen. Dieser ist Ethnologe, kennt das Terrain und ist versiert in Afghanisch und Paschtu. Ich bin sicher, zumindest hoffe ich, dass er mir bei den vier Schriftzügen in Dari oder Farsi in arabisch-persischer Schrift helfen kann. Seine gründliche Kenntnis des Landes und besonders der Zeit, in der der Teppich entstanden ist, ist für mein Vorhaben von unschätzbarem Wert.

Diese Begegnung wird sich für meine weiteren Nachforschungen als ungeheuer wichtig erweisen, wie sich später herausstellt. Ich finde Dessarts Telefonnummer ohne Schwierigkeiten auf einer Webseite, auf der einer seiner Vorträge über Afghanistan veröffentlicht wurde. Ich rufe ihn sofort an und erkläre ihm das Ziel meiner Recherchen. Er lädt mich zu sich nach Beaucaire im Departement Gard ein, gelegen zwischen Camargue und Provence.

Und so besteige ich wieder einmal den Zug.

In Beaucaire holt er mich vom Bahnhof ab. Ich habe keine Mühe, ihn zu erkennen, da er die traditionelle afghanische Kopfbedeckung trägt, den Pakul, eine Wollmütze, dazu eine weite Hose und ein ebenso weites Hemd. Er ist vermutlich über fünfzig, sein Körper wirkt mager, das Gesicht ist eher kantig. Sein ansonsten scharfer Blick verliert sich mitunter in der Weite. Er spricht in kurzen, knappen Sätzen und mit voller, melodischer Stimme. Wir gehen zu Fuß zu seiner Wohnung und nutzen die Gelegenheit, uns kennenzulernen. Das Gespräch dreht sich hauptsächlich um seine Reise, ein ganz klein wenig auch um meine. Wir teilen so einige Standpunkte. Auf dem Weg erzählt er, dass er gerade mitten im Umzug steckt.

Er wohnt in einem bezaubernden Haus aus dem 18. Jahrhundert, wie es für so viele Städte und Dörfer der Provence typisch ist. Kaum angekommen, empfängt mich seine Lebensgefährtin mit offenen Armen. Ich habe die maßstabsgetreue Zeichnung dabei, die die Rückseite des Teppichs zeigt (siehe Abb. 6, Bildteil). Wir setzen uns rundherum auf den Boden, die Hausherrin serviert Kaffee und schon kann es losgehen. Ich trage meine bisherigen Hypothesen vor, die Laurent Dessarts Interesse wecken. Er holt sogar eine 800-seitige Materialsammlung für eine nicht eingereichte Dissertation hervor und blättert darin, um meine Fragen zu beantworten. Er sieht sich auch gleich die verschiedenen Übersetzungen an. Bei einigen Abschnitten bleibt er hängen, er wird sie später noch mal übersetzen.

»Man kann die vier Schriftzüge nach dem Schwierigkeitsgrad, den sie beim Übersetzen bieten, ordnen. Schriftzug A ist eindeutig. Schriftzug B erfährt drei verschiedene Interpretationen. Element C hat nicht weniger als vier verschiedene Lesarten. Schriftzug D hat zwei verschiedene Interpretationen, wenn man ihn spiegelverkehrt liest, und eine dritte, wenn man ihn normal liest.«

»Gut. Und wie würden Sie das jetzt übersetzen? Fangen wir mit Element B an.«

»Da würde ich sagen: ›Diese Arbeit‹ – wobei ich vom Turm spreche, nicht vom Teppich – ›ist der ältere Hinkende‹ oder ›der größere Verkrüppelte‹ oder ›der höchst Ohnmächtige‹.«

»Aha. Das hört sich ganz anders an als bei Ihren Kollegen.«

»Sicher, aber ich bin auch davon überzeugt, dass die vier Textelemente bildlich für die Türme des World Trade Centers stehen beziehungsweise für ihr Spiegelbild im Wasser des East River.«

»Ja, genau …«

»Schriftzug C würde ich so übersetzen: ›… die schmähliche Beleidigung / die große Kränkung (*bolandtar ahanat*) / die große Ausästung (*b. ash*)‹. Und für das letzte Element, D, würde ich vorschlagen: ›Symbol / Ziel des Reichtums, Leitfaden / Ziel des Staates‹ (Doppelsinn von *neshana* und *dawlat*).«

Ich bin bass erstaunt. Als Dessart es bemerkt, spricht er weiter:

»Dazu muss ich eines erklären. Anders als das klassische Hebräisch oder Arabisch benutzt die persische Sprache, ob es nun Farsi, das iranische Persisch, oder Dari, das afghanische Persisch, ist, eine Silbenschrift, in der Vokale nicht geschrieben werden, wenn sie die Silbenmitte bilden. Das gilt übrigens auch für das Paschtu, die Hauptverkehrssprache in Afghanistan. Nur wenn der Vokal am Anfang oder am Schluss steht oder wenn er einen Akzent trägt, wird er ausgeschrieben.«

»Daher kommen also die Unterschiede zwischen Ihrer und den anderen Übersetzungen?«

»Ja, und natürlich auch daher, dass ich davon ausgehe, dass es sich hier wirklich um einen codierten Kriegsteppich handelt. Wenn man vom Wort *dawlat* mal absieht, das ›Reichtum‹ und ›Regierung‹ zugleich heißen kann, lese ich die Schriftzüge durchweg anders als meine Kollegen. Aber nicht, weil diese etwa nicht plausibel wären.«

»Sie sind es also?«

»Aber ja! Diese Thesen sind durchaus einleuchtend. Sie wurden ja auch von echten Spezialisten für iranische Sprachen und Kunst aufgestellt. Meiner Ansicht nach sind das aber nur falsche Fährten, und zwar recht geschickt gelegte. Denn sogar bei den Ablenkungsmanövern gibt es mehr als eine mögliche Lesart: ›Istanbul‹ für ›Sonbola‹, ›Land der Türken‹ für ›königlicher Schatz‹. Von den zentralen Begriffen beim Schriftzug C gar nicht zu reden, die so gut versteckt sind, dass man sie nicht mit Sicherheit identifizieren kann.«

»Können Sie noch mal zusammenfassen, was Sie über Element C denken?«

»Das ist tatsächlich das schwierigste, weil man es von zwei Seiten lesen kann, und ich bin offensichtlich bislang der Einzige, dem das aufgefallen ist. Dazu muss man natürlich sagen, dass ich, wenn ich Sie richtig verstanden habe, der Einzige im Team der von Ihnen konsultierten Spezialisten bin, der von Anfang an wusste, welches Ihrer Meinung nach der wahre Sinn des Teppichs ist. Aus diesem Grund glaube ich auch, dass Schriftzug B, allem Anschein zum Trotz, weder den Auftraggeber noch den Schöpfer des Teppichentwurfs bezeichnet, und auch nicht die Person, die ihn ausgeführt hat.«

»Weder den Auftraggeber noch den Schöpfer?«

»Nein, und schon gar keinen Untergebenen, der deren Vorstellungen umgesetzt hat.«

»Wie kommen Sie darauf?«

»Keiner von beiden hätte auch nur das geringste Interesse gehabt, dieses Gemeinschaftswerk zu signieren, hätte er doch damit riskiert, eines Tages für den Plan zu diesem schrecklichen Rachefeldzug verantwortlich gemacht zu werden. Diese Vergeltungsmaßnahmen haben schließlich eine Staatsaffäre ausgelöst und auf der symbolischen Ebene den *culture clash* zwischen Ost und West.«

»Das wäre so, als würde ein Mörder am Tatort seine Unterschrift hinterlassen?«

»Genau! Außerdem wäre solch eine Signatur im Bereich des Kunsthandwerks in dieser Kultur vollkommen unüblich. Man weiß, dass für die meisten Kunsthandwerker in Pakistan und Afghanistan das Gebot der Bescheidenheit gilt. Diese Tradition ist alt und gut verwurzelt. Nur die Dichter machen es anders und gehorchen so den Anforderungen ihres Metiers.«

»Dann wäre Schriftzug B also keine Verfasserangabe?«

»Keinesfalls! Er verweist eher auf das, was die Kalligrafie verdeckt. Auch dies ist ein uraltes Stilmittel, das schon in der sumerischen Kunst angewandt wurde. Es hat mit der Magie des Wortes zu tun …«

»Aha …«

Ich schaue Laurent Dessart fragend an. Er fährt fort:

»Haben Sie das Buch von Clarisse Herrenschmidt gelesen? Sie ist Spezialistin für Sprache, Religion und Zivilisation des Iran vor der Ausbreitung des Islam. Es heißt *Les trois écritures – langue, nombre, code* (Die drei Schriften – Sprache, Zahl und Code). Darin erläutert sie, dass in sumerischer Zeit die Schrift alles zusammenhielt. Man glaubte damals, Ding und Zeichen seien eine Einheit. Die Welt galt als gewaltiges Orchester von Zeichen, die aufeinander verweisen. So gesehen erweckt das Zeichen das von ihm Bezeichnete auf magische Weise zum Leben, weil es sozusagen sein Doppel ist. Und diese innere Beziehung hallt wie ein Echo durch den Raum der Zeit. Das gilt natürlich auch für ein anderes Symbol, das sich auf Ihrem Teppich mehrfach wiederfindet: der Stern Ischtar, die Venus, dessen symbolische Bedeutung auch bis in die Zeit der mesopotamischen Zivilisation zurückreicht.«

»Wenn ich Sie recht verstehe, ist also auch die Übersetzung des Professors von der INALCO richtig: ›die Stadt Istanbul‹ und ›das Land der Türken‹?«

»Ja, eben darum geht es.«

Diese erste Begegnung dauerte mehr als fünf Stunden. Ich kann nur sagen, dass sie mich in meinen Bemühungen einen entscheidenden Schritt weitergebracht hat.

Nach diesem Treffen verweist Laurent Dessart mich an einen professionellen Übersetzer für Farsi, dessen Übersetzung er in der Folge allerdings anzweifeln wird. Im Wesentlichen bleibt unser Kontakt danach aufs Telefon oder auf die Post beschränkt. Doch Laurent Dessart hat nicht nur an den Übersetzungen der Schriftzüge mitgearbeitet. Er hatte auch die Freundlichkeit, das ganze Buchmanuskript noch einmal zu lesen, um eventuelle Fehler, soweit sie in sein Fach fallen, zu korrigieren. Das zu einer Zeit, als in seinem Leben wirklich das Chaos regierte. Und so hat sich zwischen ihm und mir eine Art Freundschaft entsponnen.

Bei Anbruch der Nacht gehen wir auseinander. Ich fahre nach Hause zurück, bin aber kaum weniger perplex als zu Beginn dieses ausführlichen und aufschlussreichen Gesprächs. Im Zug, der mich durch die Landschaft des Gard trägt, lasse ich mir noch mal durch den Kopf gehen, was Laurent gesagt hat. Das Schöne an ihm ist, dass er durchaus klare Aussagen macht.

Aber wenn man nun annimmt, »Istanbul« und »Türkei« seien richtig, was ist dann im Mittelfeld des Teppichs dargestellt? Um welche Stadt handelt es sich? New York? Aber welche Verbindung gibt es zwischen Istanbul und New York? Oder geht es gar nicht um New York, sondern um eine andere Stadt? Eine türkische vielleicht? Ach, was soll's! Schließlich ist völlig klar, dass es 1990 in Istanbul keine Brücke gab – und auch heute nicht gibt – wie jene, die auf meinem Teppich abgebildet ist.

Kapitel 18
Die Istanbul-Hypothese

Doch natürlich muss ich die Istanbul-Hypothese weiterverfolgen. Ich bin von Anfang an davon ausgegangen, dass die Stadtlandschaft im linken Teil des Teppichs Hochhäuser darstellt, genauer gesagt eine Skyline, weil die abgebildeten Häuser in allen Details den Hochhausdarstellungen auf anderen afghanischen Teppichen mit modernen Stadtlandschaften entsprechen. Nun schaue ich mir wieder und wieder Bilder von Kriegsteppichen an und stelle erneut fest: Sehr hohe Gebäude oder Wolkenkratzer sind darauf klar zu unterscheiden von kleineren Gebäuden in Städten oder Dörfern.

Daher war »Skyline« das erste Wort, das mir zur Beschreibung dieses Bildes eingefallen ist. Im ersten Moment schien es genau zu passen. Jetzt aber kommen mir Zweifel. Ich rufe einen befreundeten Architekten an, Paul, der etliche Arbeiten zum Thema »Städtebau in Amerika« erstellt hat. Leider hat er gerade keine Zeit für mich und schlägt mir vor, wir sollen uns doch abends in unserer üblichen Bar treffen.

Zur vereinbarten Zeit sitzen wir beide also in einer ruhigen Seitenstraße im Zentrum und schlürfen unseren Kaffee. Ich habe ein Notizbuch mitgebracht und schreibe getreulich alles mit, was er sagt. Zuerst erzähle ich ihm kurz von meinem Teppich, der ganzen Geschichte, New York, den Twin Towers und den sechs verschiedenen Übersetzungen …

»Was kannst du mir über Skylines sagen?«

»Nun, im Allgemeinen bezeichnet man damit die Silhouette einer Ansammlung von Wolkenkratzern vor dem Horizont. Der Begriff ›Wolkenkratzer‹ kommt vom englischen *skyscraper*, was in etwa heißt: ›was am Himmel schabt‹.«

»Wie poetisch …«

»Man beurteilt eine Skyline nach verschiedenen Kriterien: die Zahl der Wolkenkratzer, die über 90 Meter hoch sind, ihre Anzahl vor einem bestimmten Ausschnitt des Horizonts, die mittlere Höhe der Wolkenkratzer, die höher sind als 90 Meter, und die architektonische Geschlossenheit des Ensembles.«

»Und was spielt dabei noch eine Rolle?«

»Manche Architekten legen das Augenmerk vorzugsweise auf die Horizontallinie, andere konzentrieren sich eher auf die Vertikale. Zunächst einmal ist da der Horizont, der aber immer vom Standpunkt des Beobachters abhängt. Der ›Gesichtskreis‹ ist immer nur ein kegelförmiger Ausschnitt.«

»Und wie kommt nun die Vertikale ins Spiel?«

»Nun, aussagekräftig wird dieser Gesichtskreis ja erst, wenn er von vertikal verlaufenden Linien strukturiert wird. Daher wird die Skyline architektonisch auch erst ab dem 20. Jahrhundert interessant, als Ansammlung hoher, vertikaler Gebäude vor der Horizontalen. Hochhäuser werden dort wichtig, wo es nur beschränkten Raum zum Bauen gibt, die Bevölkerung aber trotzdem stark ansteigt, weil das Wirtschaftswachstum den Zuzug fördert. Man kann diese Menschen ja nirgendwo anders wohnen oder arbeiten lassen. Mitunter sind es aber auch die Stadtplaner, die Einfluss auf die Skyline nehmen, um die Stadt in gewisser Weise hervorzuheben.«

»Auf jeden Fall ist ›Skyline‹ der richtige Begriff, wenn ich herausfinden will, was auf meinem Teppich abgebildet ist?«

»Ja, meiner Ansicht nach schon. Außerdem gibt es da noch ein weiteres Element, das deine These stützt: Ursprünglich wurde der Begriff geprägt, um die erste Konzentration von Wolkenkratzern überhaupt zu bezeichnen, und die befand sich in Manhattan, New York.«

»Der (Gesichts-)Kreis schließt sich also!«

»Du sagst es!«, ruft mein Freund.

Der Rest des Gespräches ist eher privater Natur. Als ich gehe, bin ich sehr zufrieden. Jetzt muss ich nur noch mehr über Istanbul herausfinden, wenn ich feststellen will, ob die Ansammlung von Gebäuden auf meinem Teppich sich darauf beziehen könnte.

Am nächsten Tag gehe ich in eine große Bibliothek. Ich werde den ganzen Vormittag dort verbringen und in Geografiebüchern nach Informationen zur Skyline von Istanbul suchen.

Folgendes sollte ich dabei herausfinden: Das Byzanz des 7. Jahrhunderts v. Chr. wurde im 4. Jahrhundert n. Chr. zu Konstantinopel, um im 15. Jahrhundert zu Istanbul zu werden. Die Architektur der Stadt weist die unterschiedlichsten Einflüsse auf, denn die Metropole rund um das Goldene Horn und den Bosporus wurde auf den Spuren einer antiken Stadt errichtet, ihre Gebäude und Monumente entstanden größtenteils zwischen dem Mittelalter und dem Ende des 19. Jahrhunderts.

Ein sehr schönes Buch über die Architektur Istanbuls sagt mir, dass auch Istanbul im Haussmann'schen Stil neu geordnet wurde. Im 19. Jahrhundert zog man dort wie in Paris gerade Straßen durch das Gewirr der Stadtviertel. Man findet in den oberen Etagen bestimmter Gebäude Loggien mit zylindrischen Säulenschäften, deren Kapitelle an die Antike gemahnen. Die Fassaden zahlreicher Stadthäuser weisen Rundbogenfenster auf und Maschrabiyyas, die dekorativen, durchbrochenen Holzgitter, wie sie sonst im modernen Baustil nicht zu finden sind. Der Großteil der Dächer erhebt sich nicht sehr hoch über das Gebäude und ist mit roten Ziegeln bedeckt, wie sie für den Mittelmeerraum typisch sind. Der Putz zeigt eine feine Palette an Ockertönen. Beton, Glas und Metall, charakteristisch für die moderne Architektur, sind kaum zu finden, dafür umfasst das Stadtgebiet die stattliche Anzahl von etwa vierzig Moscheen. Die berühmtesten wie die Hagia Sophia und die Blaue Moschee tragen prächtige Kuppeln, die die Skyline von Istanbul ziemlich unverwechselbar machen. All diese Informationen lassen nur eine Schlussfolgerung zu: Im Jahr 1990 war Istanbul der perfekte Gegenentwurf zur modernen Stadt – wie es das seit Jahrhunderten war.

Und natürlich wirft die Istanbul-Hypothese noch eine weitere Frage auf: Gibt es dort Wolkenkratzer? Die ersten Bauwerke, die der Definition eines Wolkenkratzers entsprechen, wurden im Norden der Stadt errichtet, etwa vier Kilometer vom Bosporus entfernt, in einem Geschäftsviertel namens Maslak. Es waren dies der Akbank Tower mit 158 Metern, das Sabanci Center mit 140 Metern und der Akmerkez Tower mit 100 Metern. Nun habe ich natürlich auf der Postkarte, die ich als Vorlage meines Teppichs identifiziert habe, nachgemessen und die Maße umgerechnet. Daraus ergibt sich, dass der für die Perspektive angenommene Betrachter auf meinem Teppich etwa 1000 Meter vor dem Wolkenkratzer am East River steht und etwa 2150 Meter von den Zwillingstürmen entfernt. Das passt schon mal nicht. Und es gibt noch einen zweiten Haken. Die Wolkenkratzer in Istanbul wurden erst 1993 gebaut, also nachdem mein Teppich hergestellt worden ist. 1990 stand in Istanbul dort, wo es die Darstellung auf meinem Teppich erfordert, noch kein derartiges Gebäude.

Schon bin ich wieder einen Schritt weiter.

Meine zweite Frage ist ebenso einfach: Gibt es in Istanbul eine Hängebrücke? Tatsächlich gibt es deren zwei. Die erste im Süden, nahe der Altstadt gelegen, verbindet das östliche Ufer der Metropole mit dem westlichen, wo Maslak liegt – die 1973 gebaute Brücke über den Bosporus. Die zweite, die Fatih-Sultan-Mehmet-Brücke, liegt im Norden. Sie wurde 1988 eingeweiht und führt ins Maslak-Viertel. Beide Brücken sind Hängebrücken, doch sie sind aus Beton, nicht aus Metallgeflecht wie die auf dem blauen Teppich.

Ich finde in einem sehr schönen Buch eine Panoramaaufnahme von Istanbul. Ich fotokopiere sie, was in einer öffentlichen Bibliothek einer Herkulesarbeit gleichkommt. Kaum bin ich zu

Hause, vergleiche ich die Ansicht mit der auf meinem Teppich. Ich stelle fest, dass die Stadtlandschaft Istanbuls, die sich links von der Fatih-Sultan-Mehmet-Brücke auftut, vom Maslak gegenüberliegenden Ufer aus gesehen absolut keine Gemeinsamkeiten mit der Skyline von Manhattan hat. Nimmt man den richtigen Blickwinkel ein, so schaut man auf eine Hügellandschaft, die im Süden von der Rumeli Hisari, der Rumelischen Festung aus dem 15. Jahrhundert, begrenzt wird. Ich habe das mit Google Earth überprüft. Außerdem hat die Fatih-Sultan-Mehmet-Brücke keine Lichtergirlanden, sondern wird von einer roten Lichtquelle auf einem der Pfeiler und einer blauen auf dem anderen erhellt.

Damit ist erwiesen: 1990 gab es kein Foto von Istanbul, das dem Schöpfer des blauen Teppichs als Vorlage für ebendiese Gestaltung hätte dienen können. Wenn also die Textelemente tatsächlich auf Istanbul und die Türkei verweisen, dann ist dies entweder Fantasie oder ein Doppelfehler. Oder eine falsche Fährte, die den westlichen beziehungsweise afghanischen Beobachter von der eigentlichen Bedeutung des Bildes ablenken soll.

Kapitel 19
Die Manhattan-Hypothese

Ich habe die Istanbul-Hypothese also verworfen und bin wieder am Ausgangspunkt angelangt: Manhattan. Erneut vertiefe ich mich in meine ersten Recherchen, die mittlerweile schon fünf oder sechs Jahre zurückliegen. Denn mit den Fotografien von New York und der Brooklyn Bridge aus allen möglichen Perspektiven nahm ja alles seinen Anfang.

Nun scheint mir, dass die Abbildungen 2 und 3 des Bildteils hinreichend belegen, dass es tatsächlich der Süden Manhattans mit den Twin Towers ist, der das Mittelfeld des blauen Teppichs einnimmt.

Doch bei näherer Betrachtung geht es ja darum gar nicht: Mit meinen Recherchen will ich ja nicht unwiderlegbar beweisen, dass es New York ist, das da auf dem blauen Teppich abgebildet ist. Die Fragen, die ich mir stelle und auf die ich eine Antwort suche, drehen sich um etwas ganz anderes: Welche Umstände haben zum Entwurf eines Teppichs geführt, der um elf Jahre ein Ereignis vorwegnahm, das in allem an den ersten Angriff am 11. September erinnert? Die Antwort auf diese Frage geben meiner Ansicht nach die grafischen, schriftlichen und in verschiedene Codes gefassten Botschaften auf diesem Teppich, die es zu entschlüsseln gilt. Dass die Stadtlandschaft auf dem Teppich die von Manhattan ist, ist sozusagen die Voraussetzung für diesen Entschlüsselungsprozess. Nun habe ich also zwei Ziele: erstens zu beweisen, dass der Teppich tatsächlich die Skyline des südöstlichen Manhattan und die Zwillingstürme im Jahr 1990 zeigt. Und zweitens die Entschlüsselung des zentralen Motivs durch die Decodierung der Stilmittel, die von dem oder den Schöpfern des Teppichs angewandt wurden.

Vor diesem Hintergrund lasse ich alle bisher gewonnenen Erkenntnisse noch einmal Revue passieren. Da es Fragen zu klären gilt, die mit der Konzeption eines Kunstwerks und seiner Art der Wirklichkeitsrepräsentation zu tun haben, möchte ich mich mal mit jemandem austauschen, der ein wenig Ahnung von den bildenden Künsten hat. Ich sichte meinen Bekanntenkreis. Mir fällt sofort ein Freund ein, der mir schon des Öfteren sehr geholfen hat: Philippe. Er wohnt in der Nähe von Bordeaux, im Süden des Departements Charente-Maritime, und wir wollten uns schon seit einigen Monaten endlich mal wieder treffen. Ich ergreife die Gelegenheit beim Schopf, rufe ihn an und fünf Minuten später haben wir ausgemacht, dass ich ihn in der Woche darauf besuchen komme. Zehn Minuten, nachdem ich aufgelegt habe, ist meine Zugfahrkarte reserviert! Sie können sich vielleicht vorstellen, welche Ungeduld mich mittlerweile umtrieb …

Ich nutze die Tage bis zu meiner Abreise, um meine Dokumentation über die afghanische Teppichweberkunst auf den neuesten Stand zu bringen.

Jetzt stehe ich also am Bahnhof Bordeaux-Saint-Jean. Philippe wartet auf mich.

»Vermutlich wunderst du dich ein wenig, dass ich so darauf gedrängt habe, dich zu sehen, nachdem ich mehrere Monate nichts von mir habe hören lassen.«

»Ja, schon. Aber ich freue mich, dich zu sehen, ganz egal, was der Grund ist …«

»Keine Sorge, es ist nichts Schlimmes. Es hat nichts zu tun mit meiner Exfrau oder mit meinem Job. Es geht nur um einen afghanischen Teppich, über den ich mit dir reden möchte.«

Er reißt die Augen auf.

»Ein afghanischer Teppich? Aber davon habe ich doch keine Ahnung. Und wieso interessierst du dich überhaupt für einen Teppich?«

Auf der Heimfahrt in seinem Wagen erzähle ich ihm die Geschichte meines Teppichs in groben Zügen. Keine Ahnung, wie oft ich diese kleine Ansprache jetzt schon gehalten habe … Philippe sieht mich fragend an.

»Und du bist sicher, dass ich dir da was helfen kann?«

»Klar doch.«

»Na, dann bring erst mal dein Gepäck auf dein Zimmer. Dann trinken wir was und du erzählst mir die ganze Geschichte von Anfang an.«

Einige Minuten später erkläre ich mit einem Glas Pineau des Charentes in der Hand meinem Freund, was ich eigentlich von ihm erwarte.

»Afghanische Teppiche haben meist Bildmotive. Die *ustad*, die sie schaffen …«

»Die was?«

»Die *ustad*. Entschuldige, aber ich bin mittlerweile so drin in diesem Vokabular, dass ich schon vergesse, dass man in Frankreich kein Afghanisch spricht … Die *ustad* sind die Leute, die den Teppich entwerfen.«

»Aha. Na dann weiter im Text.«

»Die Absicht des *ustad* ist es, ein Motiv zu gestalten, das auf dem fertigen Teppich zu erkennen ist. Sein Verständnis von Kunst ist also ein durch und durch realistisches.«

»Es gibt also kein abstraktes Bild einer modernen Stadtlandschaft?«

»Ich habe ein paar in Büchern gesehen, aber das sind Ausnahmen. Und man sieht sofort, dass der *ustad* keine Vorlage verwendet hat, entweder mit Absicht oder weil er keine auftreiben konnte.«

»Ja, das leuchtet ein. Eine Stadt nur aus dem Gedächtnis darstellen zu wollen, erfordert erhebliches Geschick. Selbst die versiertesten Szenenbildner beim Film oder beim Zeichentrick arbeiten stets mit umfangreichem Bildmaterial.«

»… das natürlich 1990 in Afghanistan kaum aufzutreiben gewesen wäre.«

»Woraus folgt, dass die afghanischen Teppiche mit modernen Stadtlandschaften, ob sie jetzt von 1990 oder von heute stammen, Panoramen darstellen, für die Fotos als Vorlage gedient haben, und – mit wenigen Ausnahmen – keine imaginären Städte. Klingt das plausibel?«

»Ja, es muss Vorlagen gegeben haben.«

Ich habe Fotografien von der Brooklyn Bridge mitgebracht und eine abgepauste Zeichnung des Teppichs (siehe Abb. 6, Bildteil). Philippe beugt sich über beides und studiert es eingehend. Er richtet sich auf, sieht mich an und sagt:

»Kein Zweifel. Dein Teppich ist ein typisches Beispiel für die flächige Umsetzung eines plastischen Motivs.«

»Ja, so was Ähnliches habe ich irgendwo schon gelesen. Diese Art der Gestaltung findet bei den meisten belutschischen Teppichen mit figürlicher Darstellung Verwendung. Doch was sagt uns das jetzt?«

»Eine flächige Gestaltung eignet sich gut für Textilarbeiten, nicht zuletzt auch deswegen, weil sich damit Motive schneller umsetzen lassen. Denn das afghanische Kunsthandwerk, vor allem die Teppichknüpferei, ob nun in Afghanistan oder im Iran, ist in erster Linie ein Geschäft. Daher sind alle dekorativen Elemente zweidimensional dargestellt, ohne Tiefenwirkung. Schau die Wolkenkratzer an. Sie sind absolut flach, auch die beiden Boote, die auf dem East River schwimmen.«

»Ich habe auch gelesen, dass der Teppich mit narrativer Darstellung arbeitet. Kannst du mir darüber etwas sagen?«

»Narrative Darstellung heißt, dass mit bildlichen Mitteln etwas erzählt wird. Die einzelnen Bildelemente werden dabei meist schematisiert, ganz im Gegensatz zu einer realistischen Darstellung, bei der man versucht, das Abgebildete so wirklichkeitsgetreu wie möglich wiederzugeben, wie es aus einer Perspektive mit fixem Fluchtpunkt erscheint. Daher hat es wenig Sinn, absolute Ähnlichkeit in Strich oder Farbe zu erwarten zwischen dem Postkartenmotiv oder den Fotografien, die du mitgebracht hast. Man muss die Übereinstimmung vielmehr in den Stilmitteln suchen, die der Schöpfer des Teppichs benutzt hat. Ich weiß nicht mehr, wie du die Leute genannt hast …«

»*Ustad*.«

»Genau. Nun, die Übereinstimmungen stecken also eher in den Stilmitteln beziehungsweise in der Art und Weise, wie der *ustad* sie einsetzt. Und noch etwas: Der *ustad* geht von einer Fotografie aus. Er muss die Vorlage also vergrößern, um den Teppich danach gestalten zu können. Das heißt, er muss die Proportionen eines Fotos, das bestenfalls so groß ist wie eine Zeitschriftenseite, in ein Format übertragen, das etwa 1 Meter auf 1,50 Meter misst. Und das ist ohne Episkop oder ohne minutiöse zeichnerische Übertragung auf Millimeterpapier, die sehr viel Zeit in Anspruch nimmt, gar nicht möglich.«

»Oder ohne das Auge eines Giotto.«

»Ja, und das ist eine ziemlich rare Gabe.«

»Das heißt also, man muss dafür ein geschultes Auge und Gehirn haben.«

»Es heißt auf jeden Fall, dass es Auswirkungen auf die Wiedergabe des Motivs hat. Wenn du dann noch bedenkst, dass es ja um eine zweidimensionale Darstellung mit ihren Eigenheiten geht, dann kannst du davon ausgehen, dass es zwischen dem Modell und seiner Repräsentation sowohl Ähnlichkeiten als auch Abweichungen gibt.«

»Ja, das habe ich mir auch schon gedacht.«

Es ist spät geworden. Ich bin müde, und so beschließen wir, unsere Diskussion am morgigen Tag fortzusetzen. Und ich genieße es durchaus, wenigstens einen Abend mit Themen zuzubringen, die nichts mit Kandahar oder Manhattan zu tun haben.

b. 1: *Ein Heiligtum geht unter. Mit dem Angriff auf das orld Trade Center kippt der Mythos vom unangreifbaren Amerika.*

Abb. 2: *Der Teppich mit den Maßen 133 x 86 Zentimeter.*

b. 3: *Eine Postkarte mit der Brooklyn Bridge und der yline von Manhattan. Die Proportionen und die Perspektive ichen aufs Haar denen auf dem Teppich.*

Abb. 4: *Die vier Buchstaben bezeichnen die Schriftzüge auf dem Teppich.*

Abb. 5: *Das Dreieck, das sich aus dem Venusstern am Himmel und seiner doppelten Spiegelung im East River ergibt. Mit den entsprechenden Winkel- und Seitenmaßen.*

Abb. 6: *Die Pause von der Rückseite des Teppichs. So lassen sich die Befunde besser überprüfen: die Seiten- und Winkelmaße des Dreiecks, die Ischtar-Sterne und die verschiedenen Motive auf Mittelfeld und Bordüre.*

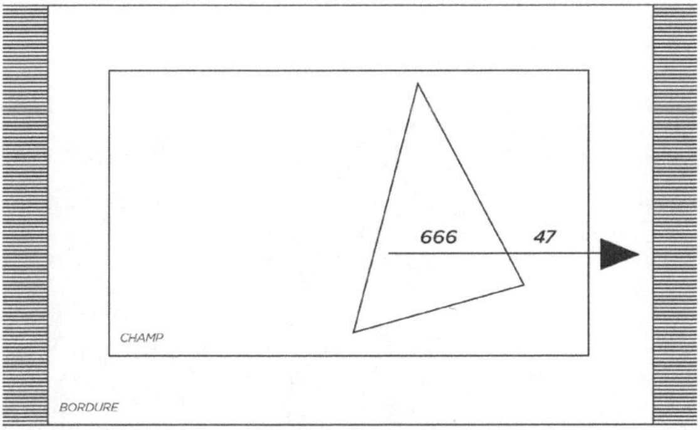

Abb. 7.1: *Schemazeichnung des Teppichs mit den ersten beiden Semagrammen des Zeitpfeils für die Motivreihe.*

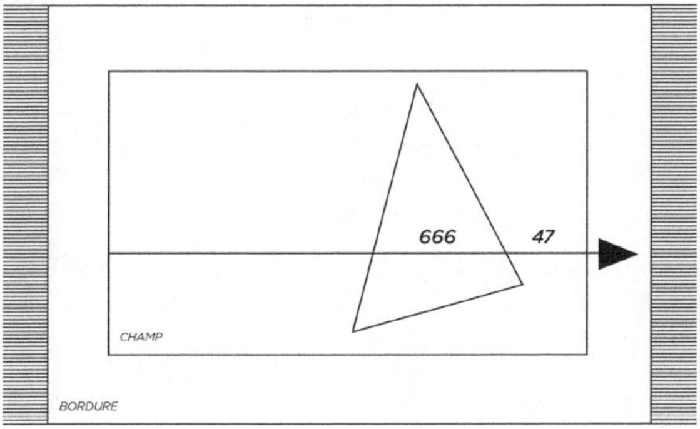

Abb. 7.2: *Verlängerung des Zeitpfeils auf den Zeitraum vom 21. März bis zum 13. September 1990, um weitere Semagramme aufzudecken.*

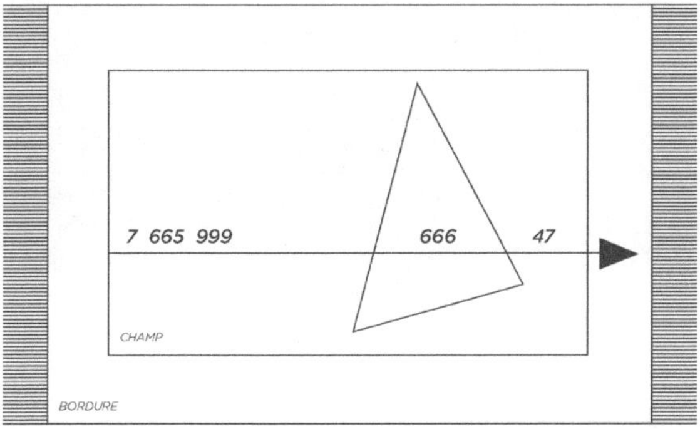

Abb. 7.3: *Die sechs Semagramme, die durch verschiedene steganografische Techniken ans Licht gekommen sind: verborgene Zahlen, Maße, Quersummen und Textverweise.*

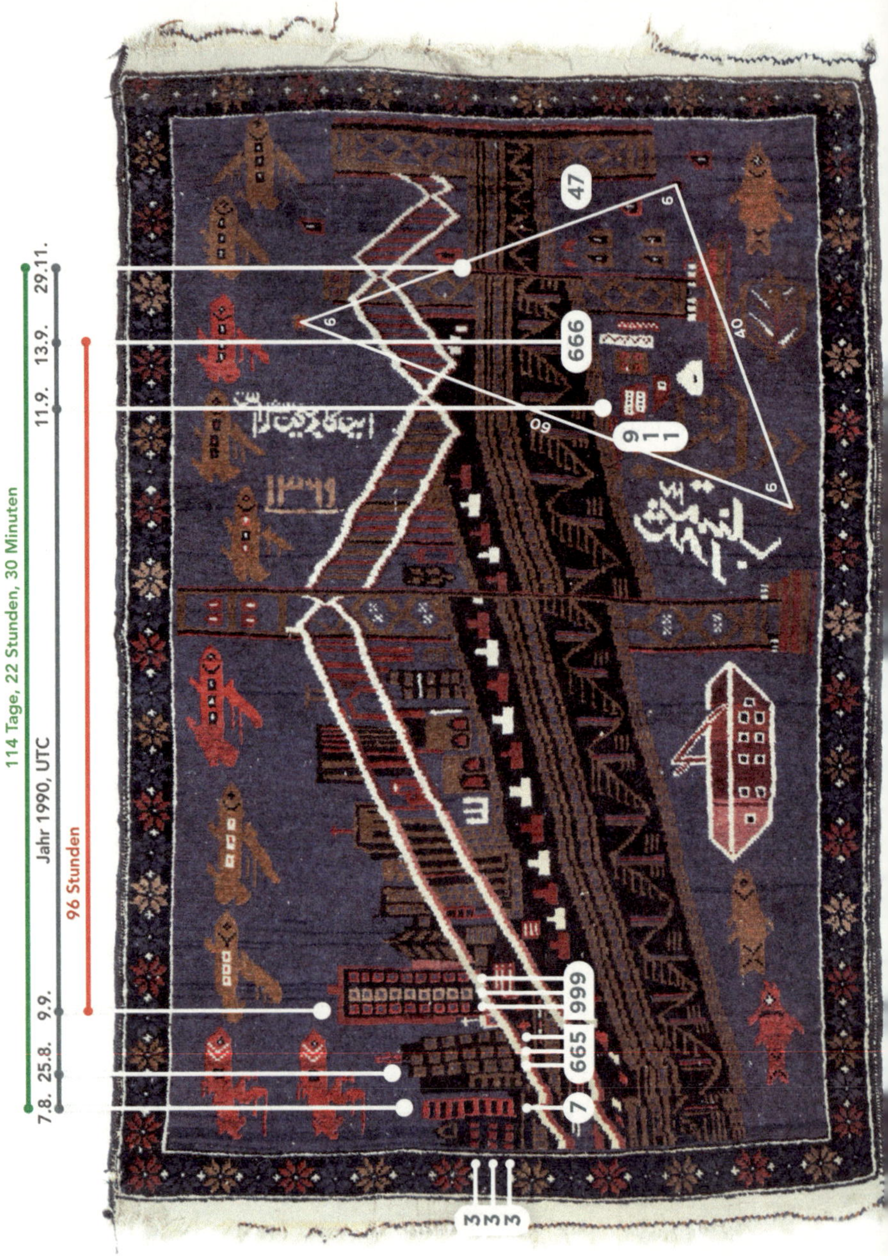

Abb. 8: *Die sechs Semagramme auf dem Teppich-Mittelfeld mit den Zahlen, für die sie stehen, und dem ihnen auf dem Zeitpfeil zugeordneten Datum in Koordinierter Weltzeit (UTC). Darüber hinaus der Zeitpfeil mit den sechs Anschlagsgründen und das Signal für die 96 Stunden, die zwischen dem dritten und dem fünften Ereignis vergehen, das als Grund für den Anschlag angegeben ist.*

Aber gleich am nächsten Morgen machen wir uns wieder an die Arbeit. Philippe ist mir eine große Hilfe, weil er sehr methodisch und genau ist.

»Zunächst müssen wir eine Liste machen, welche Übereinstimmungen und welche Abweichungen es zwischen dem Foto von der Brooklyn Bridge und dem Teppich gibt. Anhand dieser Liste können wir dann die Ähnlichkeit zwischen dem blauen Teppich und der Skyline von Manhattan überprüfen.«

Ich nicke wortlos und bin ganz Ohr. Er fährt fort:

»Ich stelle mir drei verschiedene Kategorien vor: zunächst die grafischen und topografischen Elemente. Dann die empirischen Elemente. Hier können wir nach dem Ausschlussverfahren vorgehen. Und schließlich die historischen, statistischen und symbolischen Elemente.«

»Fangen wir mit den grafischen und topografischen an. Was fällt dir hier auf?«

»Die erste Abweichung ist schon mal, dass die Brücke auf dem Teppich einen Pfeiler mehr hat als die Brooklyn Bridge. Hier ganz außen, neben der rechtsseitigen Bordüre. Das ist ein grafisches Statement.«

»Vielleicht heißt das ja, dass die dargestellte Stadt gar nicht New York ist, sondern eine andere Stadt, in der es eine Brücke mit drei Pfeilern gibt?«

»Ja, schon möglich. Ich habe ein Buch über die größten Brücken der Welt hier. Da, hinter dir im Regal. Die zweite Reihe von unten. Siehst du's? Das große Buch mit dem blauen Rand?«

Ich schnappe mir das Buch. Nach zwei Stunden Lektüre weiß ich über die Brücken dieser Welt so ziemlich alles, was es zu wissen gibt ... Auf jeden Fall gab es 1990 keine große Metropole, die eine Hängebrücke mit drei Pfeilern hatte. Die einzige Brücke mit mehr als zwei Pylonen, die in der Nähe einer größeren Stadt liegt, ist die San Francisco-Oakland Bay Bridge, die 1936 errichtet worden ist. Sie hat vier Pfeiler und ist sieben Kilometer lang, mit einem Mittelstück aus Beton. Aber die Skyline von San Francisco liegt nicht links von der Brücke, wenn man sich auf dem gegenüberliegenden Ufer aufhält, sondern rechts. Außerdem ähnelt die Skyline kein bisschen der von Manhattan. Die Insel Yerba Buena, auf der das Mittelstück der Brücke liegt und die man vielleicht als perspektivischen Stützpunkt für den Blick auf San Francisco nehmen könnte, liegt 2800 Meter von der Linie der Wolkenkratzer entfernt. Doch auf dem Foto, von dem ich annehme, dass es dem Schöpfer des Teppichs als Vorlage gedient hat, liegen zwischen dem Beobachter und der Skyline des südöstlichen Manhattan höchstens 1000 Meter.

Außerdem ist die Brücke auf dem blauen Teppich keine Schrägseilbrücke. Diese waren 1990 noch recht rar, man fand sie vor allem in Japan, und ihre Anmutung sowie ihre Umgebung unterscheiden sich sehr von der Stadtlandschaft des südöstlichen Manhattan und der Brooklyn Bridge. Bei solchen Brücken hängen die Fahrbahnträger nicht an Kabeln, die zwischen den Brückenpfeilern gespannt sind, sondern werden von Schrägseilen gehalten, die von den hohen, spitz zulaufenden Pylonen ausgehen.

Ich erzähle Philippe von meinen Entdeckungen, er hört mir aufmerksam zu.

»Also haben wir es hier durchaus mit der Brooklyn Bridge zu tun, doch sie hat auf dem Teppich einen Pfeiler mehr als in Wirklichkeit. Was es wohl damit auf sich hat?«

Philippe denkt einen Augenblick nach.

»Möglicherweise dient er nur dazu, die perspektivische Wirkung unseres Motivs zu erhöhen. Durch die graduelle Verkleinerung der Brückenpfeiler wird Entfernung und räumliche Tiefe suggeriert. Der kleinste Pfeiler, rechts, ist am weitesten entfernt, der größte, in der Mitte, steht dem Betrachter am nächsten. Auf diese Weise wird im Bild eine Tiefenwirkung erzeugt. Das ist ein recht beliebter Trick, den man Perspektive durch Verkleinerung nennt. Natürlich funktioniert das mit drei Pfeilern besser als mit zwei, weil man drei Punkte hat, mit denen man die Entfernung verdeutlichen kann. Je mehr solcher Bezugspunkte es gibt, desto eher stellt sich der Eindruck von Tiefe ein.«

»Und du glaubst, unser afghanischer Teppichdesigner kannte diese Technik?«

»Ja, sicher. Die Perspektive durch Verkleinerung ist eine im Osten verbreitete Technik, man findet sie auch auf persischen Miniaturen des 17. Jahrhunderts und auf chinesischen Landschaftsbildern des neunten. Also sicher auch im Afghanistan der Neunzigerjahre.«

»Na gut, du hast mich überzeugt.«

»Aber ich habe noch eine Abweichung gefunden: Die Streben der Brückenpfeiler sehen aus wie übereinanderliegende Andreaskreuze, ganz anders also als die neogotischen Pfeiler der Brooklyn Bridge mit ihren doppelten Spitzbögen und der Steinverkleidung. Sieht aus, als wäre es eher die Manhattan Bridge, die auf deinem Teppich dargestellt ist.«

»Aber das ist unmöglich. Der Verlauf der Brücke und das Stadtbild sähen dann ganz anders aus. Würde man von der Manhattan Bridge aus in diese Richtung blicken, läge nämlich vor der Skyline im Südosten noch die Brooklyn Bridge. Die Manhattan und die Brooklyn Bridge sind auf dem Brooklyn-Ufer 370 Meter voneinander entfernt, auf dem Manhattan-Ufer sind es 630 Meter. Von der Brooklyn-Seite aus betrachtet läge dann kein Wolkenkratzer mehr links von der Manhattan Bridge auf dem Manhattan-Ufer. Dort liegt das Viertel Two Bridges mit den beiden Hochhäusern mit Ziegelfassade, die aber kaum sechzig Meter hoch sind. Wenn man die Perspektive auf dem Foto zugrunde legt, würden die beiden Hochhäuser in Two Bridges gerade mal die Höhe des Fahrbahnträgers der Manhattan Bridge erreichen, der in etwa 50 Meter Höhe verläuft. 1990 wäre es noch völlig unmöglich gewesen, einen dem Teppich vergleichbaren Blick auf die Manhattan Bridge zu werfen. Andererseits verlaufen die Tragkabel an der Brooklyn Bridge ziemlich genau so wie auf dem Teppich.«

»Gut, das ist also ein Problem. Und was machen wir nun daraus? Was hat sich der Schöpfer des Teppichs bei dieser Gestaltung gedacht? Ich kapier's einfach nicht.«

»Er hat vielleicht aus ästhetischen und praktischen Gründen die richtigen Pfeiler nicht dargestellt. Zum einen sind die Pfeiler, wie er sie wiedergibt, leichter umzusetzen als die neogotische Architektur der Originalpfeiler. Und sie wirken moderner. Schließlich ist die Modernität ein zentrales Merkmal dieser Art von Teppich. Die von ihm dargestellten Metallpfeiler mit ihrem filigranen Innenleben erdrücken außerdem die Komposition nicht, da sie den Blick auf die Skyline frei lassen. Die gemauerten neogotischen Pfeiler hingegen hätten den Blick auf den Hintergrund verstellt. Wie es der Fahrbahnträger der Brücke ja auch tut.«

»Du glaubst also, dass das ästhetische Gründe hat?«

»Ja, ich denke schon.«

»Mir fällt gerade noch eine Anomalie auf: Die Schriftzüge C und D unterhalb der Brücke stellen die Reflexion der Textelemente A und B oberhalb der Brücke dar. Aber sie sind verdreht. Wie du weißt, findet sich im richtigen Leben ein Lichtreflex immer lotrecht unter dem reflektierten Gegenstand, nur eben spiegelverkehrt. Der weiße Schriftzug auf dem Wasser müsste sich also unter dem weißen Schriftzug am Himmel finden. Das beigefarbene Textelement müsste über seiner braunen Reflexion stehen. Doch die braune Spiegelung steht unter dem weißen Schriftzug und die weiße unter dem beigefarbenen. Und der Schöpfer des Teppichs hat diese buchstäbliche ›Verdrehung der Tatsachen‹ beibehalten. Zum Beispiel bei den Signallichtern auf dem mittleren, dem größten Pfeiler. Diese vier roten Lichter stehen gegenüber der Stelle, an der sie eigentlich stehen müssten. Oben im Bild stehen die Lichter links von dem weißen beziehungsweise beigefarbenen Schriftzug. Ihre Reflexion aber befindet sich rechts von der Spiegelung der Schriftzüge im Wasser. Entweder ist das eine bewusste Umkehrung der Lichtverhältnisse in diesem Teil der Komposition oder der *ustad* hatte kein Modell zur Verfügung.«

»Ich verstehe. Doch der Betrachter weiß ja zum Beispiel, dass der weiße Schriftzug unterhalb der Brücke eine Spiegelung desjenigen über der Brücke sein soll. Und das genügt, um seine Absicht deutlich zu machen.«

Mittags legen wir eine Pause ein, doch schon am Nachmittag sitzen wir wieder über unseren Materialien. Ausgeruht machen wir uns an das Studium der Perspektive und der topografischen Merkmale.

Philippe kennt sich gut mit perspektivischer Darstellung aus.

»Wenn man sich die in Afghanistan hergestellten Teppiche mit modernen Stadtlandschaften so anschaut, kann man feststellen, dass sie gewöhnlich mit einer schiefwinkligen Perspektive arbeiten, die man auch ›Kavaliersperspektive‹ nennt. Die Verwendung der Zentralperspektive ist anscheinend jüngeren Datums. Bei deinem Teppich wurden zwei Arten der perspektivischen Darstellung angewendet, die beide im Orient Tradition haben: die ›Perspektive durch Verkleinerung‹, von der bereits die Rede war, und die ›Perspektive durch Verdeckung‹.«

»Die Perspektive durch Verdeckung? Was ist denn das?«

»Schau dir an, wie die Brücke im Verhältnis zur Stadt angeordnet ist. Sie verdeckt einen Teil der Skyline, die den Bildhintergrund bildet. So entsteht der Eindruck, dass sie dir oder jedem anderen Betrachter näher ist als die Skyline. Die Skyline liegt also hinter der Brücke und links von ihr, wenn man sich am gegenüberliegenden Ufer aufhält und rechts von der Brücke steht. Der Blick geht nach Westsüdwest. Dies sind klare Hinweise auf die topografische Situation der dargestellten Stadtlandschaft.«

»Gut, ich verstehe. Dann ist da noch diese Anomalie, die wir entdeckt haben, nämlich der dritte Pfeiler. Erst durch diesen zusätzlichen Pfeiler wird so richtig deutlich, dass die Pfeiler nach hinten immer kleiner werden, was eine perspektivische Wirkung schafft. Dazu die Anordnung der Brücke vor der Skyline, wodurch die Darstellung zusätzlich Tiefe erhält. Das wiederum gibt uns einen klaren Hinweis darauf, wo der Betrachter in diesem Bild steht.«

»Da fällt mir noch ein Trick auf, wie eine perspektivische Wirkung erzeugt wird. Schau dir mal das rotrosafarbene Boot auf der Brooklyn-Seite an, das größer ist als jedes Haus. Hier wird das Prinzip der Verkleinerung sozusagen umgekehrt. Das Objekt wird im Vergleich zu anderen Objekten vergrößert. So soll der Eindruck entstehen, dass das Boot dem Betrachter näher ist als die Hochhäuser.«

»Ja, jetzt sehe ich es auch. Dadurch, dass das Boot größer dargestellt ist, wird eine weitere Bildebene geschaffen, was dem Auge des Betrachters einen Hinweis auf die Bildtiefe gibt.«

»Berücksichtigt man dann noch die Anordnung und Größe anderer Elemente, erkennt man, dass das Bild mindestens vier Ebenen hat. Die relativ großen Fische müssen also ganz vorne sein. In der zweiten Ebene liegen das rotrosafarbene Boot und der erste Brückenpfeiler im unteren, linken Viertel des Teppichs, auf derselben Uferseite, auf der sich der Betrachter befindet. Die dritte Bildebene wird gebildet von der Silhouette der Wolkenkratzer am Ufer des East River. Die wie in der Realität ein wenig zurücktretenden Zwillingstürme sind auch auf dieser Ebene angesiedelt. Die Brücke verbindet die erste, zweite und dritte Bildebene. Die Proportionen der Flugzeuge und damit die vom Teppich erzählte Geschichte stehen ebenfalls in Relation zu dieser Ebene.«

»Im Hintergrund erkennen wir den roten Stern mit den acht ockerfarbenen Strahlen, der ganz allein neben dem beigefarbenen und dem weißen Schriftzug am Himmel steht. Dies ist das Kompositionselement, das am weitesten entfernt ist. Er verliert sich förmlich in der Unendlichkeit des Himmels. Nur rechts von ihm leuchtet noch ein Objekt auf, das schwarz und rot umrandet ist.«

»Gratuliere! Deine Beschreibung ist ja geradezu poetisch …«

»Mach dich gefälligst nicht lustig über mich!«

»Ich mache mich gar nicht lustig, ich habe dich beglückwünscht.«

»Ja, mit einem ironischen Unterton.«

»Machen wir lieber mit den topografischen Elementen weiter. Wir haben die Anordnung der Bildelemente geklärt und können in diesem dreidimensionalen Raum mindestens fünf Fixpunkte angeben: Die Brücke und ihre beiden echten Pfeiler sind drei Punkte. Dazu kommt die Linie der Wolkenkratzer und schließlich noch der Standpunkt des Betrachters. Das gibt doch schon fünf klare Anhaltspunkte.«

»Und diese willst du jetzt mit denselben Elementen im Manhattan von 1990 vergleichen?«

»Ja. Wir können zunächst einmal festhalten, dass auf dem Teppich wie auf dem Foto der Süden links liegt, der Norden rechts. Und dass der Blick des Betrachters Richtung Westsüdwest geht. Wenn man diese Daten mit der fotografischen Vorlage vergleicht, was lässt sich dann über die Topografie unserer fünf Fixpunkte aussagen?«

»Sie sind absolut identisch. Sowohl auf dem Foto als auch auf dem Teppich.«

»Das können wir natürlich noch mit Google Earth überprüfen. Du hast doch nichts dagegen? Ich möchte wirklich ganz sichergehen.«

»Mach nur, ich bin mir da vollkommen sicher.«

Ich gehe mit meinem Computer ins Netz und kann Philippe wenig später sagen, dass unsere These von Google Earth bestätigt wird.

»Durch Triangulation können wir darüber hinaus zeigen, dass das beigefarbene Textelement genau dort steht, wo auf dem Foto der Südturm ist, der weiße Schriftzug hingegen steht exakt vor dem Nordturm. Gehen wir davon aus, dass die Topografie der Brücke und der Skyline auf dem Teppich der realen entspricht. Wenn wir dann die beiden Pfeiler als Endpunkte der Grundlinie eines Dreiecks nehmen, das mit seiner Spitze auf die Stelle zwischen Nord- und Südturm zeigt, können wir die Winkel in diesem Dreieck messen. Dann übertragen wir das Dreieck in exakt derselben Form auf die Postkarte und können feststellen, ob es zu den angegebenen Punkten passt.«

»Auf diese Weise können wir auch die Skyline und den Standpunkt des Betrachters überprüfen. Dann haben wir noch mehr Anhaltspunkte.«

»Und was kommt dabei heraus? Ebendas, was wir von Anfang an angenommen haben: Der weiße Schriftzug steht exakt dort, wo auf dem Foto der Nordturm steht. Als würde er hinter einer weißen Rauchwolke verschwinden. Dann können wir auch davon ausgehen, dass das beigefarbene Textelement den noch intakten Südturm symbolisiert.«

»Was zu beweisen war.«

Vor Aufregung sind wir beide aufgesprungen.

Philippe ruft aus: »Diesen kleinen Sieg müssen wir doch feiern, oder?«

Er holt eine Flasche Weißwein, die er bei meiner Ankunft kaltgestellt hat. Frohgemut prosten wir uns zu. Ich suche nach einem Platz, um mein Weinglas abzustellen, und trete an den Tisch, auf dem unsere Bilder liegen. Plötzlich sticht mir ein Gebäude auf dem Teppich ins Auge. Ich weise Philippe darauf hin und bitte, es doch mal zu überprüfen.

»Da, sieh nur.«

»Was? Hast du noch ein mysteriöses Detail entdeckt, das stundenlange Nachforschungen zur Folge hat?«

»Nein. Oder vielleicht doch. Schau dir nur dieses Ding an, das dritte Gebäude von links.«

»Was ist daran so Besonderes? Ein schwarzes Gebäude, das oben in einer Art Treppe endet und definitiv aus dem Lot geraten ist. Obendrauf steht ein rotes Kreuz, dessen Längsbalken in der Mitte durchbrochen ist.«

»Und?«

»Mich erinnert das an ein typisches Detail der New Yorker Architektur. Ich glaube, ich habe irgendwo gelesen, dass diese Rückstufungen am Dach in New York obligatorisch waren.«

»Ja, das stimmt. Die Stadtverwaltung von New York erließ 1916 die ›New York Zoning Resolution‹, die das Stadtbild von Manhattan entscheidend prägte. Diese Bauvorschrift schrieb für Wolkenkratzer ab einer bestimmten Höhe Rückstufungen vor, die die Silhouette dieser Bauwerke stark veränderte. Durch diese Treppenform kann es nicht zu dem gefürchteten Canyon-Effekt kommen, den quaderförmige Blocks verursachen, sodass mehr Licht und Luft in die Straßen kommt. Nebenbei gesagt nannte man diese Bauform *wedding cake,* ›Hochzeitskuchen‹.«

»Können wir das nicht auch als Hinweis werten, dass die Stadt auf dem Teppich tatsächlich New York ist? So viele Wolkenkratzer dieses Typs wird's ja wohl nicht geben?«

»Wenn ich die mir bekannten Fotos von New York heranziehe, dann gab es 1990 wie heute nur zwei Wedding-Cake-Wolkenkratzer im südöstlichen Teil der Skyline von Manhattan auf der Seite des East River. Der eine steht in der Pine Street 120, ist 122 Meter hoch und wurde 1930 erbaut. Der andere, der One Financial Square, liegt ein wenig weiter südlich, wurde 1987 errichtet und ist 175 Meter hoch. Vor den dunklen Glaskörper des Gebäudes wurde auf allen vier Seiten die Silhouette eines Hochzeitskuchens gesetzt, die sich hell gegen das dunkle Glas abhebt und ihrerseits 160 Meter hoch ist.«

»Wir können also davon ausgehen, dass es weder 1990 noch

heute eine Stadtlandschaft außer der von New York gab bzw. gibt, in der zwei Gebäude im Wedding-Cake-Stil inmitten einer Ansammlung von Wolkenkratzern nahe an einem Fluss stehen, über den sich eine monumentale Hängebrücke spannt.«

»... womit bewiesen wäre, dass die Stadt auf dem Teppich nur New York sein kann.«

»Auch die Proportionen sprechen sehr für diese Annahme, liegt es doch in erster Linie an ihnen, ob und inwieweit eine Abbildung der Vorlage gleicht. Auf dem Teppich folgt die Anordnung und Verteilung der Wolkenkratzer schematisch den Wolkenkratzern von Manhattans Südosten im Jahr 1990. Nehmen wir den höchsten Punkt des roten Gebäudes, das seinerseits das höchste auf dem Teppich ist, und ziehen eine gerade Linie zum höchsten Punkt des beigefarbenen Textelements, das für den Südturm des World Trade Centers steht, dann erhalten wir eine Diagonale mit einer bestimmten Neigung. Überträgt man diese nun auf das Foto der Water Street 55 – einem Wolkenkratzer, der in etwa dort liegt, wo das höchste Gebäude auf dem Teppich angeordnet ist – bis zum Südturm, erhält man genau dieselbe Neigung. Dies ist nur scheinbar ein Zufall, da dies sozusagen der visuelle Fingerabdruck der Skyline von Manhattan ist. Vielleicht wollte der *ustad* ja die großen Proportionen möglichst genau wiedergeben und hat sich dabei an zwei recht simpel zu reproduzierende Punkte gehalten. Auf diese Weise ist sichergestellt, dass die Zwillingstürme bzw. ihr schriftliches Symbol höher sind als alle anderen Gebäude.«

»Diese Übereinstimmungen in den Proportionen des Fotos und der wichtigsten Gebäude auf dem Teppich bestätigen also, dass darauf tatsächlich Manhattan und die Zwillingstürme dargestellt sind.«

»Nun ja, fassen wir doch alles einmal zusammen. Das Gebäude im Wedding-Cake-Stil und die Proportionen sind architektonische Details, die sich so nur in Manhattan finden. Trotzdem sind sie keine objektiven Anhaltspunkte, da der blaue Teppich ja die Wirklichkeit nicht realistisch, sondern stilisiert abbildet. Doch meiner Ansicht nach sind dies Elemente, die für das Panorama New Yorks typisch sind und zur Topografie des Ortes im Jahr 1990 passen. Wir haben also einen klaren Beweis, dass das Motiv des Teppichs und das Foto sich ähneln. Hörst du überhaupt zu?«

»Ja, Philippe, aber ich studiere gerade das rotrosafarbene Boot. Bestimmt hilft uns das auch noch weiter.«

»Möglicherweise … was meinst du denn?«

»Ich sehe ein Boot, das auf der Brooklyn-Seite den East River entlangfährt. Und ich habe gelesen, dass es in New York viele Fähren gibt. Das ist dort schon seit Beginn des 18. Jahrhunderts ein ganz normales Transportmittel.«

»Aber schau dir doch dieses Bild an: Die Fähren in New York sind – heute wie 1990 – weiß mit einer schwarzen oder blauen Wasserlinie. Weder rot noch rosa. Das passt nicht.«

»Aber könnte es sich nicht um eine jener Fähren handeln, die die Anlaufstelle Battery Park mit der Insel Staten Island im Süden Manhattans verbinden?«

»Auch nicht, die sind orangefarben. Außerdem legen sie ganz im Süden der Halbinsel ab und fahren auch nicht den East River bis zur Brooklyn Bridge hinauf.«

»Andererseits gibt es zahlreiche Fotos von Feuerwehrbooten auf dem East River, vor den Zwillingstürmen.«

»Und das komische Ding auf dem Boot, was soll das sein?«

»Das könnte ein Strahlrohr sein. Die gibt es auf jeder Kabine eines Löschbootes, da dies der höchste Punkt des Bootes ist. Die neueren Fireboats haben außerdem Strahlrohre mit einem Gelenkarm, was den Wasserstrahl noch beweglicher macht.«

»Wer hätte das gedacht! Du bist ja ein richtiger Löschbootexperte.«

»Ach, du ziehst mich schon wieder auf … Du vergisst, dass ich recht oft in New York war.«

»Ja, das stimmt. Du reist wirklich häufig in die USA.«

»Mit Löschbooten ausgestattete Feuerwehren sind in einer Stadt, die am Flussufer, auf Inseln und Halbinseln errichtet wurde, einfach notwendig. Außerdem ist New York der drittgrößte Handelshafen der USA und steht sogar weltweit an 21. Stelle. Etwa 40 Prozent der in New York gemeldeten Feuer brechen in der Nähe eines fließenden Gewässers aus, am Meer, an einem der Kanäle oder gar auf dem Fluss selbst. Bei Gedenkfeiern oder zur Begrüßung prestigeträchtiger Schiffe laufen alle Fireboats des New York City Fire Departments aus und schießen aus ihren Wasserkanonen funkelnde Strahlen in den Himmel, der sich sogleich mit zarten Regenbogen überzieht. Das ist eine tolle Show … Das Spiel dieser Fireboats gilt quasi als Markenzeichen von New York.«

»Die Feuerwehrleute genießen dort auch ein sehr hohes Ansehen.«

»Ja, richtig.«

»Die Fireboats tragen je nach Stadt unterschiedliche Farben. Sie müssen nicht immer rot sein. Manchmal sind sie gelb oder gestreift oder haben ein weiß-gelbes Schachbrettmuster. Es gibt sie in der ganzen Welt.«

»Kurz gesagt, es geht nichts über Fireboats. Aber was heißt das jetzt für unseren Teppich?«

»Nun, wenn man bedenkt, dass die Fireboats ein Markenzeichen New Yorks sind, und wenn man dann noch bedenkt, dass es zahlreiche Fotos gibt, auf denen ein rotes Fireboat vor der Skyline von Manhattan und den Zwillingstürmen prangt, kann man wohl davon ausgehen, dass das Boot auf unserem Teppich ein Fireboat ist.«

»Dann hätten wir also erneut eine Übereinstimmung zwischen unserem Teppich und der Stadt New York gefunden?«

»Eine mehr.«

»Da kommt ja eine ganz schöne Liste zusammen. Sollen wir für heute mal aufhören und morgen weitermachen?«

Philippe hat recht. Für heute reicht es.

Am nächsten Tag widmen wir uns den empirischen Bildelementen. Zunächst einmal weise ich Philippe darauf hin, dass es 1990 nur wenige Großstädte mit einem Panorama gab, das eine Hängebrücke vor einer Wolkenkratzer-Skyline zeigt.

»Da hast du wohl recht«, meint Philippe. »Viele Wolkenkratzer wurden erst gegen Ende der Neunzigerjahre errichtet, vor allem in Asien: Hongkong, Tokio, Shanghai, Singapur, Shenzhen …«

»Wenn wir eine Liste von Städten erstellen, in denen sich eine Brücke vor einer Wolkenkratzer-Skyline findet, müsste die auf dem Teppich doch auf jeden Fall dabei sein. Und so viele können das ja nicht sein …«

»Ja, das ist ein guter Vorschlag. Gib mir doch das Buch über die Brücken, das wir gestern angeguckt haben. Das ist sicher nützlich.«

Wir machen uns also an die Recherche. Eine Stunde später können wir mit Sicherheit Folgendes sagen: Die Brooklyn Bridge mitgezählt gab es insgesamt nur 14 Hängebrücken dieses Maßstabs, die sich in einer Stadt, einem Geschäftsviertel oder vor einer Skyline befinden. Eine der Brücken finden wir in Portugal, zwei weitere in der Türkei, fünf in New York und sechs in anderen US-amerikanischen Städten. Der Bau der Rainbow Bridge in Tokio zum Beispiel wurde 1987 begonnen, die Brücke 1993 eingeweiht. Doch ihre Gestalt entspricht nicht den Kriterien unserer Vorlage. Zu denen beispielsweise gehört, dass sich der Beobachter auf dem Foto, das dem Teppich am ähnlichsten ist, etwa 1000 Meter von der Skyline des südöstlichen Manhattan entfernt aufhält und etwa 2150 Meter entfernt von den Twin Towers.

Im Folgenden unsere Liste mit den 14 Brücken:

1. Der Ponte 25 de Abril in Lissabon wurde 1966 eingeweiht und von uns gleich ausgesondert. Seine Lage, vor allem der

vollkommene Mangel an urbaner Bebauung rundherum – zumindest im Jahr 1990 –, machen jede Übereinstimmung mit der Darstellung auf dem blauen Teppich unmöglich. Kommt somit nicht infrage.

2. Die Bosporusbrücke, 1973 eingeweiht. Ich hatte sie jedoch schon früher ausgeschlossen, als ich die Istanbul-Hypothese verwarf. Kommt somit nicht infrage.

3. Die Fatih-Sultan-Mehmet-Brücke (1988) in Istanbul. Auch sie wurde mit der Istanbul-Hypothese verworfen. Kommt somit nicht infrage.

4. Die Brooklyn Bridge (1883) in New York. Diese Hypothese überprüfen wir gerade.

5. Die Manhattan Bridge (1909) in New York. Wurde ebenfalls bereits von der Liste der möglichen Brücken gestrichen. Kommt somit nicht infrage.

6. Die Verrazano Narrows Bridge (1964) in New York. Liegt 12 Kilometer von Manhattan entfernt, umgeben von niedrigen Häusern und Vegetation. Kommt somit nicht infrage.

7. Die George Washington Bridge (1931) in New York. Rundherum finden sich keine ausreichend hohen Gebäude. Manhattan liegt 16 Kilometer entfernt. Kommt somit nicht infrage.

8. Die Williamsburg Bridge (1903) in New York. Sie befindet sich 1,5 Kilometer nördlich von der Manhattan Bridge, drei Kilometer von der Skyline entfernt. Diese Brücke verbindet die Halbinsel Manhattan auf der Höhe der Grand Street mit Brooklyn. Rundherum finden sich nur Wohnhäuser

mittlerer Höhe mit Ziegelfassaden, dazu weiträumige Grünflächen. Kommt somit nicht infrage.

9. Die San Francisco-Oakland Bay Bridge (1936) in Kalifornien wurde bereits von der Liste der möglichen Brücken gestrichen. Kommt somit nicht infrage.

10. Die Golden Gate Bridge (1937) in San Francisco, Kalifornien, ist zu weit weg vom Stadtzentrum, nämlich 8,5 Kilometer. Die Wolkenkratzer San Franciscos können also nicht als Hintergrund für die Brücke dienen. Außerdem besitzt die Golden Gate Bridge eine unverwechselbare Gestalt. Kommt somit nicht infrage.

11. Die Ambassador Bridge (1929) in Detroit, Michigan. Auch sie steht fern jedes passenden Gebäudekomplexes, drei Kilometer entfernt von der aktuellen Skyline der Stadt. 1990 umfasste dieser Gebäudekomplex etwa 30 Wolkenkratzer, er befindet sich aber auf der »falschen« Seite der Brücke, wenn man über den Detroit River auf die Skyline blickt. Kommt somit nicht infrage.

12. Die John A. Roebling Suspension Bridge (1867) in Cincinnati, Ohio. Links von der Brücke steht das Paul Brown Stadion, durch einen riesigen Parkplatz getrennt vom Great American Ball Park. Blickt man auf die Brücke, fällt dahinter eine Gruppe von Gebäuden auf, zu denen 1990 etwa 15 Hochhäuser gehörten. Das einzige Gebäude, das damals herausragte, war der 1931 fertiggestellte Carew Tower mit 175 Metern. Kommt somit nicht infrage.

13. Die Walt Whitman Bridge (1957) in Philadelphia, Pennsylvania. Sie liegt, von Parkplätzen und Lagern umgeben,

etwa fünf Kilometer vom nächsten Wolkenkratzer entfernt. Kommt somit nicht infrage.

14. Die Benjamin Franklin Bridge (1926) in Philadelphia. Die Skyline der Stadt umfasste 1990 etwas mehr als zwanzig bedeutsame Wolkenkratzer, etwa drei Kilometer von der Brücke entfernt und folglich in der Blickachse. Doch nur drei Gebäude überragten den Horizont: das Mellon Bank Center (1990) mit 241 Meter Höhe und die beiden Liberty-Place-Türme (1987–1990) mit 288 bzw. 258 Meter Höhe. Letztere ragen wie zwei Spiegelminarette aus dem Gebäudekomplex heraus. Kommt somit nicht infrage.

Philippe liest die von uns erstellte Liste laut vor. Ich ziehe meine Schlussfolgerungen:

»Wenn man davon ausgeht, dass der Schöpfer des Teppichs zwischen 1990 und 1991 ein Foto als Vorlage benutzt hat, dann kann man aus dem Mangel an Alternativen schließen, dass auf dem Teppich nur die Brooklyn Bridge und die sie umgebende urbane Landschaft, das südöstliche Manhattan mit den Twin Towers, dargestellt sein kann.«

»Ja. Und wieder einmal: *quod erat demonstrandum*. Und wir haben es bewiesen! Aber wie geht es jetzt weiter?«

»Jetzt tragen wir alles zusammen, was wir an historischen und statistischen Daten sowie an symbolischen Elementen finden können.«

»Ich habe schon einiges an Informationen über New York gesammelt. Dass die Brooklyn Bridge und die Skyline von Manhattan ein Wahrzeichen New Yorks sind, ist unbestreitbar richtig. Gleichzeitig stellt dieses Panorama schon seit einigen Jahren, vielleicht seit Beginn des 20. Jahrhunderts, den Inbegriff einer modernen Stadt dar.«

»Man könnte sogar sagen, dass die Skyline von New York sozusagen die erste der Welt war, was sicher auch noch für 1990 gilt. Erst dann wurde sie von Hongkong entthront.«

»Soll heißen, dass 1990 New York die einzige Stadt war, die man anhand ihrer Skyline wiedererkannte?«

»Ja, die Linie der Wolkenkratzer von Manhattan hat einen ganz eigenen Charakter.«

»Dazu kommt noch, dass die historische und symbolische Bedeutung der Skyline von Manhattan sie auch zur berühmtesten machten. Es heißt ja immer, New York sei die meistfotografierte Stadt der Welt, noch vor London, San Francisco und selbst Paris.«

»Kennst du die Webseite *Geotaggers' World Atlas* von Eric Fischer?«

»Nein, nie gehört.«

»Dort findet man Karten, die zeigen, an welchen Orten einer Stadt am meisten fotografiert wird. Sicher finden wir dort genaueren Aufschluss. Die ›hot spots‹ sind rot eingezeichnet.«

Wir rufen die Seite auf, holen die Karte von New York her und entdecken, dass das Panorama auf unserem Foto eine hellrot leuchtende Stelle ist. Der rote Fleck liegt in Brooklyn, in der Nähe des Fulton Ferry State Park und seiner unmittelbaren Umgebung. Der größte Teil der Fotos von der Skyline von Manhattan wird also von diesem öffentlichen Park aus aufgenommen, ob nun vom Boden oder vom Hubschrauber aus.«

Philippe fasst zusammen: »Es gab also 1990 zunächst einmal kaum Städte, die eine Hängebrücke mit solchen Brückenpfeilern vor einer Skyline zeigen oder gar ein vom Betrachterstandpunkt her vergleichbares Panorama. Die Fotos von der Manhattan Skyline und der Brooklyn Bridge waren 1990 wohl die einzigen dieser Art, die wirklich international verbreitet waren, sicher millionenfach. Dass gerade Fotos dieses Panoramas 1990 nahezu überall verfügbar waren, erhöht die statistische Wahrscheinlichkeit, dass eines dieser Bilder auch seinen Weg ins afghanische Belutschistan gefunden hat.«

»Außerdem hat die Darstellung ja auch symbolischen Charakter. Der Großteil der Fernsehserien, die in New York spielen, zeigt immer wieder, mitunter schon im Vorspann, die Brooklyn Bridge und die Skyline von Manhattan. Dieser eindeutige Verweis auf den Ort belegt einmal mehr, wie sehr dieses spezielle Panorama als Wahrzeichen der Stadt gilt. Dieses Bild steht stellvertretend für New York und die Vereinigten Staaten, später dann auch für die Dominanz der USA in der Weltwirtschaft und damit für die Macht Amerikas. Erinnere dich nur mal, was Donald Rumsfeld gesagt hat.«

»Nur dass dieses Symbol schon 1990 nicht nur positiv gesehen wurde, vor allem nicht von den Dschihadisten Afghanistans. Das hat auch Laurent Dessart in seinem Buch geschrieben. Warte mal, hier ist der Abschnitt: ›Die sozial erniedrigten Intellektuellen und Universitätsgelehrten […] kritisierten das Großkapital (der Kreuzritter, des Westens), dessen Symbol in aller Augen Manhattan war, der wichtigste globale Börsenhandelsplatz, und New York, wo die größten Finanzimperien der Welt ihren Sitz hatten.‹«

»Ich muss zugeben, das ist alles sehr überzeugend.«

»Dann können wir das ja mal schwarz auf weiß festhalten.«

Die einzelnen Elemente, die die These stützen, der blaue Teppich stelle die Skyline des südöstlichen Manhattan mit der Brooklyn Bridge und den Zwillingstürmen dar, lassen sich also wie folgt zusammenfassen:

I.
Übereinstimmungen: die Brücke und ihre Pfeiler; die allgemeinen Proportionen der Skyline; die beiden Schriftzüge, die die Türme ersetzen; Merkmale, die typisch für die Architektur New Yorks sind; das Fireboat als Markenzeichen New Yorks; die Topografie von insgesamt sieben Merkmalen deckt sich exakt mit der Topografie dieser Skyline; andere Übereinstimmungen, die vermuten

lassen, dass auf dem Teppich ein Angriff auf den Nordturm und der darauffolgende Brand dargestellt ist. Und die Tatsache, dass sich auf der Teppichdarstellung zwei mit einem Wappen bezeichnete Flugzeuge (vermutlich Linienflüge) den Zwillingstürmen nähern.

Die auf dem Teppich dargestellten Daten können sehr gut das Wo, das Was und das Wie eines Attentats darstellen, also über dessen Logistik informieren.

II.

Die Skyline von Manhattan war die erste auf der Welt, die diesen Namen verdient. Und sie blieb der Inbegriff der Skyline von den Zwanziger- bis Ende der Neunzigerjahre. Also auch noch zehn Jahre nach der Entstehung und dem Kauf des Teppichs. Die Skyline von Manhattan und ihre symbolische Bedeutung haben sich also über 70 Jahre lang ins Gedächtnis der Menschheit eingegraben. Wer 1990 an eine Skyline dachte, hatte die von Manhattan vor Augen und umgekehrt, weil sie 70 Jahre lang konkurrenzlos dastand. Und das würde auch noch in den nächsten zehn Jahren so bleiben.

III.

1990 benutzten die afghanischen *ustad* Kalender- oder Postkartenbilder als Vorlage für ihre Werke. Die Wege, auf denen ein Halbnomade oder ein belutschischer Flüchtling an ein Foto von der Skyline von Manhattan gekommen sein konnte, waren vielfältig: im Exil in Afghanistan, durch einen Teppichhändler aus New York, durch die Mitarbeiter der NGOs oder durch das Büro des Makhtab-al-Khidmat von Abdallah Azzam und Osama bin Laden, eine Organisation, die die afghanischen Mudschaheddin unterstützte und seit Mitte der Achtzigerjahre ein Büro in Brooklyn hatte. Diese einzigartige Skyline und die Zwillingstürme wurden millionenfach kopiert und fanden für alle möglichen Gegenstände Verwendung, sogar für kitschige Schneekugeln. 1990 waren sie seit mehr als 70 Jahren in Umlauf – auf der ganzen Welt.

IV.

Von 14 Hängebrückenkonstruktionen, die sich in der Nähe hoher Gebäude befinden, konnten wir 13 ausschließen, so dass die 14., also die Brooklyn Bridge, als einzig mögliche übrig bleibt. Nur sie kann dem Schöpfer des blauen Teppichs als Vorlage gedient haben (siehe Gutachten, Anhang 3 und 4).

Mein kurzer Besuch bei Philippe hat mich also in meinen Bemühungen einen gewaltigen Schritt vorangebracht. Ich bleibe noch einen Tag, um die ländliche Charente zu genießen, die im Herbst besonderen Charme entfaltet. Zu Hause angekommen werde ich sofort mit den Recherchen fortfahren. Schon im Zug lasse ich mir alles noch mal durch den Kopf gehen. Die Daten, die ich mit Philippes Hilfe zusammengetragen habe, zeigen eindeutig, dass meine Identifikation des Teppichmotivs als Skyline von Manhattan richtig ist. Damit ist auch bestätigt, dass die Schriftzüge in Beige und Weiß oberhalb der Brücke symbolisch für die Twin Towers stehen. Der eine brennt, der andere nicht. Nun ist bewiesen, dass ich recht hatte. Dies und die genaue Kenntnis der Stilmittel, die der Schöpfer des Teppichs verwendet hat, öffnen mir den Weg zu einer neuen Phase in der Entschlüsselung des Teppichs.

Kapitel 20

Die verschiedenen Hypothesen im Licht einer erneuten Betrachtung

Meine Interpretation steht mittlerweile fest, sie lautet wie folgt: Angesichts der bereits entschlüsselten Bildelemente, der Stilmittel des Teppichschöpfers und der Übereinstimmungen zwischen Teppichmotiv und Wirklichkeit gehe ich davon aus, dass der blaue Teppich den Plan eines Anschlags auf das World Trade Center mit Hilfe zweier Linienflugzeuge bildlich darstellt.

Doch damit bin ich noch nicht zufrieden. Ich möchte mit meinen Nachforschungen fortfahren, um weitere Elemente ans Licht zu bringen, die diese Interpretation stützen.

In meinem Arbeitszimmer mache ich mir eine Aufstellung konkurrierender Thesen über Sinn und Zweck des Teppichs. Diese sind im Moment noch reine Theorie. Es gibt keine konkreten Elemente, die sie stützen würden. Mir dienen sie vorläufig nur dazu, auch andere Spuren zu verfolgen, was mir unerlässlich scheint, auch wenn sie nirgendwohin führen.

Die Aufstellung konkurrierender Hypothesen ist keineswegs erschöpfend. Zunächst einmal, weil es mir vermessen erschiene, wollte ich behaupten, ich verfügte über die Kompetenz, sie alle entsprechend überprüfen zu können. Aber auch, weil ich bestimmten Hirngespinsten, für die ich stellvertretend ein Beispiel anführen möchte, keine Nahrung geben will.

Die erste Hypothese ist, dass es sich bei dem Teppichmotiv um eine rein imaginäre Darstellung handelt.

Die Behauptung, der Teppich bilde eine imaginäre Stadt ab, erscheint mir unhaltbar. Teppiche mit modernen Stadtansichten ohne jede Vorlage sind sehr selten. Sie stellen innerhalb des Genres Ausnahmen dar, die auf den ersten Blick zu erkennen sind. Selbst wenn der *ustad* des blauen Teppichs keine konkrete Vorlage zur Verfügung gehabt haben sollte und das Panorama von Manhattan aus dem Kopf nachgebildet hat, ist das Motiv ebenso klar zu identifizieren wie die anderen Elemente seines Werks.

Die zweite Hypothese ist die, dass der Teppich eine codierte Botschaft für den Opiumhandel gewesen sein soll.

Ich erinnere mich, dass ich im Jahr 2000 im *Musée de l'industrie* von Saint-Étienne eine Ausstellung von Kriegsteppichen angeschaut habe. Der Ausstellungskatalog vermerkte zu einigen Modellen, dass sie als Kommunikationsinstrument im Opiumhandel gedient hätten. Auch in der Dokumentation der *Direction académique de l'Action culturelle* von Frankreich findet sich ein ähnlicher Hinweis.

Mein Teppich allerdings passt aus verschiedenen Gründen nicht in diese Kategorie. Erstens: 1990 wurde in Afghanistan Rohopium noch nicht zu Heroin verarbeitet. Afghanistan exportierte sein Rohopium auch nicht in die USA. Das hat auch einen ganz praktischen Grund: Für die Herstellung von 850 Gramm Heroin braucht man etwa zehn Kilo Morphin, das wiederum durch Trocknen von Rohopium gewonnen wird. Es hätte also wenig Sinn, ausgerechnet Rohopium im Flugzeug zu schmuggeln, wenn das Endprodukt Heroin so viel leichter und einfacher zu verstecken ist.

1990 gingen die etwa 1600 Tonnen Rohopium, die in Afghanistan produziert wurden, auf dem Landweg nördlich und südlich des Kaspischen Meers in die Türkei oder in die Balkanstaaten. Dort wurde es zu Heroin weiterverarbeitet, das man dann über Afrika auf dem Land- oder Seeweg nach Nordamerika brachte. Zumindest meint das Pierre-Arnaud Chouvry, Forscher am CNRS und Experte für die geopolitischen Aspekte des illegalen Drogenhandels.

Die Türkei war schon zu Beginn des 20. Jahrhunderts eine Drehscheibe für den Heroinhandel. Eine »geheime« Botschaft mit Istanbul und der Türkei und dem Einsatz von 23 verschiedenen Transportmitteln auf dem Land-, See- und Luftweg zu verbinden, ist nun wirklich keine sehr diskrete Art, die Ankunft einer Ladung Opium zu signalisieren. Außerdem arbeiteten die Drogenhändler 1990 noch unter anderen Bedingungen als heute. Das Opium zirkulierte in Afghanistan vergleichsweise ungehindert. Die Händler hatten keine komplizierten Codes nötig, wenn sie mit ihren Handelspartnern in Verbindung treten wollten. Zudem hatten sie wie alle, die mit landwirtschaftlichen Erzeugnissen handeln, mehr mit der Planung der Ernte und der Liefertermine zu tun. Die Lieferung des raffinierten Produkts in die Vereinigten Staaten wäre ohnehin nicht Aufgabe der afghanischen Rohopium-Produzenten gewesen, sondern wäre von jenen übernommen worden, die das Produkt in allen Teilen der Welt zu Heroin verarbeiteten.

Die dritte Hypothese ist die der Fälschung.

Ich habe diesen Teppich Ende Mai 1991 in Europa gekauft. Ich habe drei Sachverständige für afghanische Teppiche konsultiert, einer von ihnen ein gebürtiger Afghane. Wenn es sich bei dem Teppich um eine Fälschung handelte, hätte wohl zumindest einer von ihnen das Entstehungsdatum des Teppichs korrigiert, das von dem beigefarbenen Textelement mit 1369 angegeben wird. Doch es gab nichts dergleichen. Die Technik, mit der man Wolle datiert, und die Tatsache, dass es Tausende von Vergleichsobjekten aus industrieller Fertigung gibt, hätten eine Fälschung des Teppichs schon 1990 völlig sinnlos gemacht (siehe Gutachten des Labors CIRAM, Anhang 2).

Dass der Teppich eine Fälschung ist, ist also eine unhaltbare Hypothese, denn jede Analyse, nicht nur der Wolle, sondern auch des Flors (die samtige Seite des Teppichs), hätte dies sofort ans

Licht gebracht. Die komplexe Textur von Teppichen stellt eine Herausforderung für jeden Fälscher dar, die sich bei diesen Teppichen nicht mal ansatzweise gelohnt hätte. Gefälscht werden vielmehr Einzelstücke, die sich nicht mit anderen vergleichen lassen.

Die wenigen Teppichhändler, die sich auf das Geschäft des Fälschens einlassen, verkaufen moderne Teppiche in traditioneller Machart als alte Stücke an Leute, die hoffen, damit ein Riesengeschäft zu machen. Doch diese Art von Betrug kann durch relativ einfache Analysen aufgedeckt werden.

Und ein letztes Argument: Ein belutschischer *ustad* fertigt einen Teppich mit einer modernen Stadtansicht als Auftragsarbeit für wenige Dutzend Dollar. Eine Fälschung wäre aufwändiger herzustellen als ein echter Teppich. Der geringe Wert der echten afghanischen Kriegsteppiche hätte einem Fälscher kaum Anreiz geboten – 1990 ebenso wie heute.

Die letzte Hypothese nenne ich »die Hypothese vom hellsichtigen Kameltreiber«.

Es war einmal im Jahr 1990 an den Grenzen des Sandlandes Rigestan ein belutschischer Schäfer, der dort die Lande mit seinen Kamelen durchzog. Ganz versunken war er in die Betrachtung des Abendhimmels und des schwachen Leuchtens des Abendsterns, der über dem Horizont zitterte. So versunken, dass er eine Vision hatte. Er befreite seine stolzen Tiere von ihrer Last, schlug sein Lager auf und hielt seine Vision zeichnerisch fest. Elf Jahre vor der Zeit entwarf er ein Attentatsszenario, das verteufelt dem auf das World Trade Center vom 11. September 2001 glich. Einzig das Schicksal führte die Hand des belutschischen Kameltreibers, denn er wusste nicht, was er da zeichnend tat. Und das Schicksal – oder sollen wir sagen: der Zufall? – war es auch, das die weiteren Ereignisse bestimmte.

Dass einzig der Zufall dazu geführt haben soll, dass die Bildelemente des blauen Teppichs so zusammenspielen, wie sie es nun einmal tun, ist eine Hypothese, die kaum wahrscheinlicher klingt als die anderen hier vorgestellten. Außerdem wird uns der Fortgang der Dechiffrierung zeigen, dass einzelne Bildelemente des Teppichs keineswegs zufällig dort stehen, wo sie stehen.

Ich verwerfe also auch diese vierte Möglichkeit. Die einzige, die jetzt noch übrig ist, ist die einzige, die von vornherein plausibel war: Wenn man die einzelnen Elemente des blauen Teppichs eingehend untersucht, ist der Teppich eben genau das, was er auf den ersten Blick zu sein scheint. Die Entschlüsselung der bildlichen, grafischen, typografischen und symbolhaften Elemente lässt letztlich nur einen Schluss hinsichtlich des zentralen Motivs zu: Dargestellt ist der Brand des Nordturms des World Trade Centers in New York nach dem Angriff zweier Flugzeuge, die sich aus einer Flotte von insgesamt zehn Maschinen gelöst haben (siehe Einführung zum Gutachten, Anhang 4).

Gestützt auf diese ersten Erkenntnisse kann ich mich ab jetzt einer anderen Lesart des Teppichs widmen.

Kapitel 21
Und wieder: Was verrät uns der blaue Teppich?

Meine Recherchen treten nun in eine neue Phase. Meine ursprüngliche Interpretation ist mittlerweile durch verschiedene Befunde belegt, die mir durchweg recht verlässlich scheinen. Was aber kann der Teppich mir noch enthüllen? Wenn ich mehr erfahren will, muss ich mir Hilfe holen: Vier Augen sehen bekanntlich mehr als zwei.

Ich vereinbare einen Termin mit einem Islam-Spezialisten. Einer der Universitätsdozenten, der an den Übersetzungen mitgewirkt hat, hat ihn mir empfohlen. Der Mann lebt in Paris und hat schon am nächsten Tag Zeit für mich.

Und wieder sitze ich im Zug. Ich fahre nachmittags los. Ein paar Stunden später begrüßt mich die große Uhr am Gare de Lyon.

Die wenigen Stunden, die mir bis zu dem Treffen bleiben, nutze ich, um durch Paris zu schlendern. Ich habe dort meine Lieblingsviertel, die mir seit Langem vertraut sind: Ich wandere den Boulevard Saint-Germain d'Odéon Richtung Saint-Michel hinauf, spaziere die Rue des Écoles entlang und überquere die Seine am Pont Marie …

Wir haben uns in einem Café in der Nähe des Jardin du Luxembourg verabredet. Ein paar Studenten, ein paar Touristen mit Kindern, Reiseführern und Wanderschuhen. Ich habe die Pause von der Rückseite des Teppichs mitgebracht und Fotos natürlich. Auch diesem Herrn erzähle ich kurz meine Geschichte: der zufällige Erwerb des Teppichs, der 11. September, die jahrelangen Nachforschungen. Er hört mir mit echtem Interesse zu: Diesen Eindruck hatte ich schon, als wir uns am Telefon unterhielten. Ich erkläre ihm ausführlich, zu welchen Schlussfolgerungen ich bisher gelangt bin. Jedenfalls zieht er nie meinen guten Glauben in Zweifel. Meine Deutung scheint ihm weder unwahrscheinlich noch abenteuerlich.

Ich schlage vor, dass wir uns zunächst auf die Bordüre des Teppichs konzentrieren. Er studiert eingehend die Sterne.

»Zunächst einmal müssen Sie wissen, dass Stern nicht gleich Stern ist. Nicht alle haben dieselbe Bedeutung. Ihre haben acht Spitzen. Dieser Stern findet sich 96-Mal auf der Bordüre Ihres Teppichs. Mir scheint diese Art Stern aus Mesopotamien zu stammen, genauer gesagt aus Babylon. Die acht Spitzen ordnen sich zu Zweiergruppen. Jedes Spitzenpaar bildet ein großes M, das auf der gegenüberliegenden Seite ein spiegelbildliches Doppel hat.«

»Aus Babylon? Und wo befand sich diese Art von Stern dort?«

»Vor allem auf Grenzsteinen, die man *narrus* oder *kudurrus* nannte und die aus dem 3. Jahrtausend v. Chr. stammen. Dieser Stern war in Babylonien und Mesopotamien das Symbol der Göttin Ischtar. Ischtar war die Schutzgöttin des Planeten Dilbat, der der Venus entspricht. Sie ist unter anderem die Göttin von Liebe und Krieg, Rache und Wandel.«

»Ich nehme an, die acht Spitzen haben eine besondere Bedeutung.«

»Der Stern von Ischtar hat 8 Spitzen, um die 8 Jahre zwischen zwei Venustransiten darzustellen. Dann steht die Venus zwischen Erde und Sonne. Das geschieht alle 105 beziehungsweise 121 Jahre.«

»Ich habe auch gelesen, dass die Acht im Islam eine heilige Zahl ist.«

»Sie haben recht. Das Achteck ist die Synthese aus Quadrat und Kreis. Es verbindet gleichsam das Irdische der Erde mit der Grenzenlosigkeit des Himmels. Alle quadratischen und kubischen Formen stehen für die Erde, die kreis- und kugelförmigen für das Himmelsrund. Man kann das schön an den Moscheen sehen, auf deren quadratischem Grundriss dann die runde Kuppel steht. Beides braucht eine Verbindung, die Quadrat und Kreis zusammenschweißt. Dies ist gewöhnlich das Achteck, die Verbindung zwischen der materiellen und der geistigen Welt.«

»Wenn die Form des Achtecks im islamischen Formenkanon so häufig ist, dann wäre es ja ganz normal, dass sie auch auf einem Teppich aufgegriffen wurde?«

»Ja, das ist nur logisch. Nehmen Sie nur die al-Aqsa-Moschee in Jerusalem. Ihre Kuppel wird von acht Säulen getragen, die ganze Moschee misst 80 Meter in der Länge.«

»Kann man der Bedeutung der Zahl Acht etwas entnehmen, das mit den Attentaten von al-Qaida zu tun hat?«

»Da gibt es nur einen symbolischen Zusammenhang. Die Anschläge vom 11. September waren die letzten in einer Reihe von acht Attentaten. Und die Anschläge vom 7. August 1998 fanden auf den Tag genau acht Jahre nach der Entweihung vom 7. August 1990 statt – als in Saudi-Arabien amerikanische Militärbasen errichtet wurden, also dort, wo die beiden heiligsten Stätten des Islam liegen.«

»Und was heißt das nun im Hinblick auf meinen Teppich?«

»Im unmittelbaren Kontext des Dargestellten und vor dem Hintergrund seines Entstehungsdatums fühle ich mich erinnert an die 1990 bis 1991 vorherrschende fundamentalistische Propaganda von Muslimen und christlich-evangelikalen Kreuzrittern, die New York als das Neue Babylon sah.«

»Die Metapher war damals verbreitet?«

»Ja, und sie tauchte gleichermaßen in evangelikalen Predigten der Achtzigerjahre wie in der dschihadistisch-apokalyptischen Literatur im Ägypten des Jahres 1987 auf. Die Sterne erinnern auch ein wenig an babylonische Buchstaben. Das passt durchaus zu den fundamentalistischen Strömungen, wie sie in jener Zeit am Entstehungsort des Teppichs herrschten.«

»Und das wiederum würde genau zum Thema des Teppichs passen und zu den dort dargestellten Zielen.«

»Richtig. Ich bin überzeugt, dass die Verwendung des babylonischen Sterns auf der Teppichbordüre kein Zufall ist, da diese Sterne zu einer fundamentalistischen Symbolsprache gehören, die alle Mäßigung abgelegt hat.«

»Was Sie da sagen, ist ja unglaublich: Ihre Deutung dieser Sterne stellt die Interpretation des Attentats, das auf dem Teppich von 96 Ischtar-Sternen umrahmt ist, auf eine ganz andere Grundlage.«

»Wenn man dann noch bedenkt, dass Mesopotamien und Babylon innerhalb der Grenzen des aktuellen Irak lagen, dann stellt die Wahl eines babylonischen Motivs für die Teppichbordüre vielleicht eine Anspielung darauf dar, was sich im Irak 1990/1991 zutrug: ein bewaffneter Konflikt.«

»Ja, denn zu dieser Zeit ist der Teppich entstanden.«

»Mir fällt da noch was ein, was diese Sicht der Dinge bestätigen würde. Kennen Sie das Buch von Gilles Kepel, in dem der renommierte Wissenschaftler al-Qaida durch die Texte seiner führenden Köpfe sprechen lässt? Es heißt *Al-Qaida: Texte des Terrors.* Ich habe es mehrmals gelesen, und wenn ich mich recht erinnere, findet sich darin ein Brief, den Abu Musab az-Zarqawi, ein Dschihadist im Irak, 2004 an Osama bin Laden und Aiman az-Zawahiri richtete: Darin spricht er vom Dschihad in Mesopotamien. Az-Zarqawi trug außerdem den Beinamen ›Löwe von Mesopotamien‹.«

»Darauf wäre ich nie gekommen …«

»Aber schon vor 2004 und dem Golfkrieg von 1990 wurde von radikal-sunnitischer Seite die Gleichsetzung von Irak und Mesopotamien betrieben. Dies sollte ihrer Verachtung für die irakischen Schiiten Ausdruck verleihen, die gleichwohl 55 Prozent der Bevölkerung stellen. Und für die säkularistische Baath-Partei von Saddam Hussein, die im Irak seit 1979 an der Macht ist.«

»Unterbrechen Sie mich, wenn ich mich irre: Man kann also annehmen, dass die Darstellung des mesopotamischen Sterns auf der Teppichbordüre eine Symbolsprache aufnimmt, die dem radikalen Sunnitentum von 1990 entspringt und auf den Irak verweist?«

»Ja, das kann man durchaus sagen. Die Bedeutung des Symbols ist aber nicht eindeutig: War Mesopotamien einmal Zeichen der Schande, so kann es doch später zum Zeichen des Ruhms werden.«

Verblüfft mustere ich meinen Gesprächspartner.

»Lassen Sie uns fortfahren. Was können Sie mir über das Mittelfeld des Teppichs sagen? Das von den 96 Sternen umrahmt wird, die wir nun als Ischtar-Sterne identifiziert haben. Die Anzahl deutet auf die erste Sure des Korans hin, die Mohammed offenbart wurde. Ich glaube, dass sich das auf dem Teppich Beschriebene im Finanzzentrum von Manhattan abspielt. Das Grundthema des Teppichs wird von zwei Schriftzügen unterstrichen: die Zerstörung eines der Machtsymbole der Vereinigten Staaten und seine Widerspiegelung im East River. Das weiße Textband über der Brücke zeigt den Nordturm des World Trade Centers, der in einer Rauchwolke verschwindet. Diese zieht am Südturm vorbei, der noch intakt ist.«

»Und am Himmel die Flugzeuge … Mich erstaunt, dass zwei der roten Flugzeuge eine Art blaues, viereckiges Wappen auf dem Rumpf tragen. Das Blau ist dieselbe Farbe, die auch der Himmel hat. Es sieht aus, als hätte der Rumpf ein Loch. Das muss etwas bedeuten. Sieht aus, als wären das die zwei Kamikaze-Flugzeuge.«

»Ich verstehe. Ja, das kommt mir auch plausibel vor. Die beiden Flugzeuge sind von den anderen deutlich unterschieden. Sie haben eine andere Bedeutung als diese.«

»Wie interpretieren Sie das weiße W über dem Fahrbahnträger der Brücke?«

»Ich lese es als hebräisches *shin*. Was meinen Sie?«

»Ja, das glaube ich auch. Und welchen Sinn könnte es haben? Meiner Ansicht nach steht es mit dem Feuerwehrboot darunter in Verbindung. Beide lassen an zerstörerische Feuer, an Brände denken. Wie der Name, unter dem Abraham Gott kennenlernt: Shaddai. Angesichts des Kontexts könnte man das Shin auch lesen als Tashdid, das Zeichen, das sich unter den Schriftzügen für ›Allah‹ und ›Mohammed‹ findet. Da es in der Komposition zentral steht, kommt ihm gleichsam Schutzfunktion zu. Es strahlt genauso hell wie der rauchende Nordturm und zerreißt mit seiner Klarheit den düsteren Schleier über dem Neuen Babylon.«

»Da links steht auch noch ein weißes Kreuz.«

»Wenn man die allegorische Lektüre des Teppichs weitertreibt, könnte man das Shin und das weiße Kreuz gemeinsam lesen als Zeichen für Christen und Zionisten, für die Amerikaner und ihre Verbündeten, die 1990/1991 den gesamten Vorderen Orient in die Finsternis der Fitna, der schweren Prüfung, gestoßen haben.«

»Dann hätte auch die Finsternis einen symbolischen Sinn?«

»Ja, die Venus steht rechts vom Betrachter und diesem gegenüber, also steht sie im Westen. Damit gehört der auf dem Teppich dargestellte Nachthimmel zur nördlichen Halbkugel. Morgens steht die Venus dann im Osten, hinter dem Betrachter, und damit unsichtbar.«

»Ja, die Metaphorik um Tag und Nacht, um das Licht, das für das Gute steht, und die Finsternis, die das Böse repräsentiert, findet doch in allen möglichen Propagandaschlachten Anwendung und speist sich aus allen möglichen Mythen.«

»... außerdem gehört sie zur traditionellen Symbolsprache von Orientteppichen. Häufig hat die Hell-Dunkel-Verteilung auch rein praktische Gründe, wenn sie zum Beispiel für bessere Lesbarkeit sorgt. Dass hier aber New York unter dem Schleier der Finsternis liegt, der Turm hingegen in hellen Flammen aufgeht, ist meiner Ansicht nach durchaus symbolträchtig. Wer in die Finsternis versunken ist, ist der Feind. Den aber, der das Licht bringt, erwartet ewige Glorie, denn der Attentatsplan wird in den leuchtendsten Farben beschrieben, in strahlendem Weiß, wie die Schrift ober- und unterhalb der Brücke zeigt.«

Wieder einmal habe ich den Eindruck, einen entscheidenden Schritt weitergekommen zu sein. Angeregt diskutieren wir noch ein wenig weiter, dann danke ich meinem Gesprächspartner wärmstens für die Zeit, die er mir geopfert hat, fast einen ganzen Nachmittag, und für die Einsichten, die er mir damit geschenkt hat.

Ich begebe mich Richtung Bahnhof und nehme denselben Weg wie heute Vormittag, nur in umgekehrter Richtung. Im Zug lasse ich meine Gedanken schweifen. Ich bemerke die Landschaft gar nicht, die an mir vorüberzieht. Die sanften, fast weiblichen Hügel der Yonne, dann die des Departements Côte-d'Or. Der Zauber der burgundischen Landschaft kann es mit dem Anjou durchaus aufnehmen. Ruhe, Stille: Welcher Kontrast zu dem Drama, das sich im September 2001 in den Straßen New Yorks abspielte und mich nicht loslässt. Mir geht eine Wendung nicht mehr aus dem Sinn: »aus allen Wolken fallen«. Die Einwohner der Stadt, die niemals schläft, fielen buchstäblich aus allen Wolken. So jedenfalls beschrieben Menschen, die den 11. September erlebt haben, immer wieder diese wenigen Minuten nach dem ersten Angriff, dem auf den Nordturm. Der Schock. Bei allen. In diesen wenigen Minuten begannen die Amerikaner zu begreifen, dass bestimmte Glaubenssätze, die schon bei dem Anschlag auf das World Trade Center 1993 infrage gestellt worden waren, in ihren Grundfesten erschüttert waren: Die Vereinigten Staaten waren kein geschütztes Refugium mehr. Nun fand das Drama der paramilitärischen Operationen, mit dem Amerikas Feinde die Welt überzogen, auch auf heimischem Boden bzw. am heimischen Himmel statt. Zum ersten Mal seit über hundert Jahren war der Krieg nach Amerika zurückgekehrt. Mir fiel dazu Jean Baudrillards Essaysammlung *Power Inferno* ein, in der er sich 2002 mit den Anschlägen auf die Twin Towers auseinandersetzt. Er spricht von diesen wenigen Minuten, jenseits von Zeit und Raum: »In diesem ersten Augenblick liegt alles beschlossen [...] Wenn man diesen

Moment der Benommenheit nicht berücksichtigt, in dem sich in der Amoralität des sich bietenden Anblicks der ganze intuitive Eindruck des Ereignisses kondensiert, gibt man jede Möglichkeit preis, seine Einzigartigkeit zu verstehen.«

Auch der Terrorismusexperte Alain Chouet hebt immer wieder hervor, mit welcher Klarsichtigkeit die Muslimbrüder um die psychologischen Schäden wissen, die ihre Attentate verursachen: »Die Muslimbrüder und Khalid Scheich Mohammed sind Experten in der Kunst, dort zuzuschlagen, wo es wehtut. Sie spielen dabei den Medieneffekt ihrer Operationen voll aus [...] und beziehen den zerstörerischen Effekt auf die öffentliche Moral in ihr Kalkül mit ein.« Dieser Schockeffekt wurde von den Marktschreiern der Katastrophe noch weidlich verstärkt. Was wiederum die Muslimbrüder darin bestätigte, dass sie mit ihren Annahmen über die Reaktion der Öffentlichkeit und der Medien richtiggelegen hatten. »Und es funktioniert. Es funktioniert besser, als sie je erwartet hätten. Nach dem 11. September baute die westliche Presse dieses Gefühl, aus allen Wolken gefallen zu sein, zur vollkommenen Hysterie aus.«

Kurz vor Ankunft des Zuges wache ich auf. Zu Hause angekommen studiere ich wieder die anderen Kriegsteppiche, die nach dem Attentat von 2001 entstanden sind. Irgendwie ahne ich, dass ich dort etwas finden werde. Das Bild des »Aus-allen-Wolken-gefallen-Seins« lässt mich nicht mehr los. Ich durchstöbere alles, was ich an Material über die gelben Teppiche finden kann. Diese sind nach 2001 entstanden und verarbeiten die Attentate auf das World Trade Center zu neuen Motiven. Die Schöpfer dieser Teppiche wählen allerdings eine ganz andere Art der Darstellung, als sie auf meinem Teppich zu sehen ist. Einer der bekanntesten Teppiche zeigt die beiden Türme komplett und perspektivisch, so als sollten sie porträtiert werden. Die beiden Flugzeuge fliegen hinein, die Türme brennen. Und die Flugzeuge kommen von rechts und von links zugleich. Das *punctum*, der

Punkt, an dem die Handlung dramatisiert wird, ist das Gedenken an das Attentat im Kontext der amerikanischen Propaganda, der Repressalien und der Kollateralschäden, die darauf folgen sollten. Dies zeigt sich an dem Flugzeugträger, von dem eine Rakete startet. Dieses Miteinander von Ursache, Wirkung und Sanktionen erzählt von einem Zeitraum von über einem Monat – dank des Stilmittels der Simultandarstellung, das sich auch auf dem blauen Teppich findet.

Die gelben Teppiche ähneln dem meinen also kein bisschen. Seine Schöpfer gingen 1990 auch von völlig anderen Voraussetzungen aus: Sie konzentrierten sich, elf Jahre vor dem 11. September, auf die wenigen Minuten, in denen sich der Schockeffekt einstellen würde, auf den Moment nach dem ersten Angriff auf den Nordturm, als dieser in Flammen aufgeht. Doch aus welchem Grund? Um zu zeigen, dass sie mit diesem Moment des Schocks rechneten? Mir wird klar, was diese ersten Minuten, die mein Teppich darstellt, bedeuten sollen: Es ist eine Illustration im Panoramaformat dieses einen Augenblicks, der den Mythos des Refugiums Amerika zerstören sollte, indem er eines seiner Symbole in Rauch aufgehen ließ.

Wieder betrachte ich meinen blauen Teppich. Und es fällt mir wie Schuppen von den Augen: Bei dem Attentatsszenario auf meinem Teppich geht es nicht um eine simple Repräsentation des Anschlags auf den Nordturm und seine materiellen Konsequenzen. Es geht vielmehr darum, dass ein Machtsymbol zerstört wird und mit ihm die Illusion von Sicherheit. Um psychologische Kriegsführung. Anders ausgedrückt: Es geht um die Allegorie eines Traumas, das bildlich elf Jahre vorweggenommen wird.

Kapitel 22
Venus und der Sternenhimmel

Das Fazit, zu dem ich gestern gekommen bin, gibt mir neuen Mut. Der Teppich stellt also allegorisch die Zerstörung des Mythos von der Allmacht und Unbesiegbarkeit Amerikas dar. Ich komme mit der zweiten Phase meiner Dechiffrierungsversuche gut voran. Wenn der Wahlspruch stimmt, den man gewöhnlich Guillaume d'Orange zuschreibt, dass keine Hoffnung nötig ist, um etwas in Angriff zu nehmen, und kein Erfolg, um durchzuhalten, so sind meine bisherigen positiven Resultate doch eine kleine Ermutigung.

Vor allem die Ausführungen des Wissenschaftlers, den ich in Paris getroffen habe, zu den Ischtar-Sternen, die das Zentralmotiv des Teppichs umrahmen, haben mich ein gutes Stück weitergebracht. Von Neuem nehme ich die 96 Sterne der Venus oder Dilbat unter die Lupe. Auch auf dem Mittelfeld findet sich ein achtspitziger Stern, die Venus. Er steht oberhalb der Brücke, rechts von den beigefarbenen bzw. weißen Schriftzügen. Ein rotes Viereck, das sich beinahe in der Weite des Himmels verliert und dem Hintergrund der Komposition mehr Tiefe verleiht. Dieses rote Viereck wird von acht ockerfarbenen Spitzen eingerahmt, um es gegen die restlichen viereckigen Motive abzusetzen.

An diesem Punkt reißt mich das Läuten der Türklingel aus meinen Betrachtungen. Es ist Dominique, ein Freund, den ich zu mir eingeladen habe. Ich hatte bemerkt, dass ihm die Frage, wieso mich das Interesse an diesem Teppich gar so sehr umtrieb, keine Ruhe ließ. Ich wollte ihn zum einen beruhigen, zum anderen meine Überlegungen mit ihm teilen.

»Gut, dass du kommst. Du musst mir bei der Aufklärung von ein paar Geheimnissen helfen.«

»Nun ja, es ist lange her, dass ich Sherlock-Holmes-Geschichten gelesen habe. Und ich war noch nie besonders gut darin, bei Kriminalfilmen vor dem Ende zu wissen, wer der Täter ist …«

»Aber hier geht es nicht um Filme! Diese Geschichte ist wirklich ernst.«

»Ja, du schaust auch entsprechend ernst drein. Und wenn man erst die Zeit bedenkt, die du darauf verwendest.«

»Vom Geld mal ganz abgesehen, aber das ist eine andere Sache.«

»Also, wie kann ich dir helfen?«

»Ich schaue mir diese Formen da genauer an, diese Sterne mit den acht Spitzen.«

Ich erkläre ihm, was es mit diesem Symbol der Dilbat-Venus auf sich hat.

»Dieser rote Stern, rechts von dem weißen Textelement, das für den Nordturm steht, spiegelt sich zweimal im East River wider. Das ist quasi das gleiche Stilmittel wie bei den Spiegelungen der Schriftzüge in Beige und Weiß. Diese beiden Motive mit ihren acht Spitzen sind in Form und Größe identisch mit dem roten Motiv am Himmel, sie haben nur unterschiedliche Farben (siehe Abb. 5, Bildteil). Sie befinden sich unter der Brücke, im rechten unteren Viertel des Zentralmotivs. Das Motiv unterhalb der Reflexion der weißen Schrift ist braun und beige. Das neben dem überzähligen Grundpfeiler der Brücke hingegen ist rot und schwarz.«

»Du hast recht, das ist erstaunlich. Diese drei Venussterne finden sich nirgendwo sonst auf dem Teppich, weder im Mittelfeld noch auf der Bordüre oder auf der Rückseite. Hast du mal ein Lineal da?«

»Ähm, ja, irgendwo in meinem Arbeitszimmer. Wieso? Wofür brauchst du das denn?«

»Wenn man diese drei Sterne miteinander verbindet, ergibt sich ein Dreieck. Vielleicht enthalten die Maße des Dreiecks ja auch eine geheime Botschaft.«

»Glaubst du nicht, du übertreibst jetzt ein bisschen? Ich bin ja mittlerweile daran gewöhnt, dass sich eine auf den ersten Blick weit hergeholt wirkende Interpretation am Ende als richtig herausstellt, aber das …«

»Jetzt hol mal ein Lineal, dann wirst du schon sehen.«

Ich gehe und hole das Lineal und nehme auch gleich den Winkelmesser mit.

Wir messen nach und gelangen zu folgenden Ergebnissen: Die drei Venussterne bilden ein Dreieck mit Seitenlängen von 40, 47 und 60 Zentimetern und Winkeln von 42, 51 und 87 Grad (siehe Abb. 5, Bildteil).

Dominique scheint eine Idee zu haben.

»Das kann unmöglich Zufall sein. Bestimmt ist das wieder so eine codierte Botschaft. Du wirst sehen, das Dreieck, das die Venussterne beschreiben, ist der Schlüssel zum Ganzen.«

»Wie kommst du bloß darauf?«

»Intuition, mehr nicht. Und die Tatsache, dass diese drei Venussterne auf dem Teppich sonst nirgendwo zu sehen sind.«

»Wir haben also ein Dreieck mit Seitenlängen von 40, 47 und 60 Zentimetern. Na und?«

»Zeig mir doch mal die Pause von der Rückseite des Teppichs.« (Siehe Abb. 6, Bildteil.)

»Wieso das?«

»Aus drei Gründen: Zunächst einmal, damit wir ausschließen können, dass das Venusmotiv sich noch mal auf dem Teppich findet. Dann, um das Dreieck nachzumessen. Denn wir wollen ja nicht endlos Zeit auf irgendwelche Hypothesen verwenden, wenn wir keine exakten Zahlen haben! Es kann nicht schaden, wenn wir einen klaren Eindruck von der Geometrie des ganzen Teppichs gewinnen.«

»Außerdem kann uns die Geometrie des Teppichs Aufschlüsse geben, welche durch die bisherigen Beobachtungen nicht zu gewinnen waren, mögen sie noch so umfassend sein.«

»Ich glaube nämlich, dass der Schöpfer des Teppichs in der Steganografie geschult war, der Kunst, geheime Botschaften in einem Trägermedium zu ›speichern‹. Das Prinzip ist alt, ich glaube, es reicht bis ins 5. Jahrhundert v. Chr. zurück. Solche codierten Botschaften nennt man Semagramme: Dabei werden zur Codierung weder Buchstaben noch Zahlen verwendet, sondern einzelne Punkte der Darstellung, die vergrößert oder verkleinert werden, verschoben oder gespiegelt. Es gibt da zahllose grafische Möglichkeiten.«

Wir kontrollieren noch einmal nach und stellen fest, dass wir richtig gemessen haben: Seitenlängen von 40, 47 und 60 Zentimetern.

»Gut, nun haben wir also diese drei Zahlen. Jetzt müssen wir herausfinden, wofür sie stehen.«

»Vielleicht für Koransuren? Hast du ein Exemplar des Korans hier?«

»Nein, aber wir finden die Suren ja im Internet.«

Eine kurze Suche ergibt: Sure 40, Gafir, der Vergebende; Sure 47, Mohammed; und Sure 60, al-Mumtahana, die Geprüfte. Wir machen uns also an die Lektüre.

»Das sagt mir alles rein gar nichts.«

»Mir auch nicht. Ich muss zugeben, dass der Gehalt solcher religiösen Texte sich mir nicht leicht erschließt. Ihr Plot lässt sich da schon besser erkennen. Mir fällt jedenfalls auf, dass diese Texte wie so viele allegorische Schriften eine Auslegung zulassen, die in die Verse eine moralische Mahnung hineinbringt, die nicht ausdrücklich darin enthalten ist. Und all das im Namen eines Kampfes, der die Überlegenheit der eigenen Überzeugung über alle anderen für sich in Anspruch nimmt. Wenn man sich genauer ansieht, was diese drei Suren vereint, dann ist es die Tatsache, dass es darin um unwürdige Beziehungen zu den Feinden des Islam geht und um die Vergebung, die jene erfahren werden, die sie bekämpfen. Wer für den Glauben kämpft, dem wird das Paradies versprochen. Und es gibt keinerlei Einschränkung, was die Mittel angeht, mit denen man den Gegner aus dem Weg räumt.«

»Nun, dieser Form der Rechtfertigung begegnet man auch im *Manchester Manual* und in anderen fundamentalistischen Propagandaschriften. Auch dort werden Koranverse recht einseitig und radikal interpretiert.«

»Ja, das ist eine gute Beobachtung. Im Übrigen stößt man in allen literarischen Genres, die der arabische und muslimische Orient seit dem 7. Jahrhundert hervorgebracht hat, auf Koranzitate. Das ist ein ganz gängiges Stilmittel.«

»Warte mal, da fällt mir etwas ein ...«

Ich suche in meinem Arbeitszimmer einen Text von Aiman az-Zawahiri mit dem Titel *Die bittere Ernte,* den er zwischen 1991 und 1992 geschrieben hat. Er hielt sich damals, also zu der Zeit, in der der blaue Teppich entstand, in Afghanistan auf. Ich erinnere mich richtig. Aiman az-Zawahiri zitiert die Sure 60, und zwar folgenden Vers: *»Wir sind nicht verantwortlich für euch und nicht für das, was ihr noch außer Gott verehrt [...] bis ihr einzig und allein an Gott glaubt.«* (Koran, 60, 4*) Dieser Vers wird häufig in der radikalislamistischen Literatur zitiert und als Anweisung zur »Exkommunikation« von Nicht-Gläubigen und Abweichlern interpretiert.

Dominique nimmt den Faden auf:

»Es liegt also klar auf der Hand, dass das Hauptthema der Suren 40, 47 und 60 die Treue zum Islam und die akzeptierte Gewalt gegen Verräter und Abtrünnige ist.«

»Aber sie legen doch den Akzent gleichwohl auf den Verrat des Islam durch Muslime, also auf einen der Gründe für die Fitna, die schwere Prüfung?«

»Das lässt vermuten, dass die drei Suren auch auf die muslimischen Feinde des Dschihad hinweisen sollen, wie man sie

---

* *Der Koran,* übertragen von Hartmut Bobzin, München 2010, S. 497.

1990/1991 sah: König Fahd von Saudi-Arabien und die arabischen Länder, die sich dem Kampf gegen den Irak angeschlossen hatten, die ›nahen‹ Feinde also. Die ›fernen‹ Feinde hingegen – die Vereinigten Staaten, die neuen Kreuzritter und die Zionisten bzw. Christen – werden durch das Kreuz, das weiße Shin und das Gesamtmotiv des Teppichs bezeichnet.«

»Ja, das könnte passen. Es ist sogar recht wahrscheinlich.«

»Und da die Elemente des Teppichs ihre verborgene Symbolik haben, könnten wir aus den Maßzahlen des Dreiecks noch die Quersumme bilden.«

»Quersumme? Wie in der Numerologie?«

»Ja, genau! Du hast Glück, dass ich mich in der Numerologie ein bisschen auskenne. Da sie im Orient recht weit verbreitet ist, ist es keineswegs aus der Luft gegriffen, dass derjenige, der deinen Teppich entworfen hat, sie angewendet hat. Im Christentum spielt sie zwar keine große Rolle, dafür im Judentum und im Islam umso mehr. Auch die Gematria nutzt sie, die kabbalistische Zahlenmystik, wie die mystische Variante des Sufismus, der Hurufismus.«

»Ja, ich kenne das auch. Man weist jedem Buchstaben eine Zahl zu und dann bildet man für jedes Wort die Quersumme, die man sodann interpretiert. Das ist nicht im eigentlichen Sinn eine Codierungstechnik, aber man kann damit Wörter in Zahlen und Zahlen in andere Zahlen umwandeln. Auf diese Weise kann man eine Information so verschlüsseln, dass sie nicht auf den ersten Blick gelesen werden kann.«

Ich nehme Stift und Blatt zur Hand, um die Quersumme unserer Zahlen zu bilden. Dabei addiert man die Ziffernwerte einer bestimmten Zahl. Aus dem Ergebnis dieser Operation wird wieder die Quersumme gebildet, so lange, bis das Resultat eine Zahl zwischen 1 und 9 ist. Zuerst nehme ich mir die Winkelmaße vor:

42 = 4 + 2 = 6
51 = 5 + 1 = 6
87 = 8 + 7 = 15 = 1 + 5 = 6

»Das gibt tatsächlich dreimal die Sechs!«, ruft Dominique aus. »Im Neuen Testament ist das die Zahl des Tieres, die für Satan steht. Nicht zu vergessen, dass Anspielungen auf den Teufel in den verschiedenen Endzeitprophezeiungen der Neunzigerjahre gang und gäbe waren. Zehn Jahre vor dem Jahrtausendwechsel gingen die Weltuntergangspropheten radikal-islamischer Prägung genauso damit hausieren wie die irrwitzigen evangelikalen Fernsehprediger, die Armageddon kommen sahen.«

»Das mag ja sein, aber ich habe den Eindruck, dass die morbiden und folkloristischen Assoziationen, die die Zahl 666 gemeinhin auslöst, kaum zu dem doch recht ernsten Szenario auf dem Teppich und der Natur der Dschihadkämpfer passen. Ich glaube, ich habe in einem Buch von Jean-Pierre Filiu über die Apokalypse im Islam gelesen, dass sich, von einer 1994 geschriebenen Botschaft von Abu Walid an die Chefs von al-Qaida einmal abgesehen, die Organisation recht resistent gegen die Versuchungen der Apokalypse zeigte.«

»Na gut, wenn du meinst«, brummt Dominique ein wenig verdrießlich.

»Und es gibt noch andere Gründe, die 666 nicht vorschnell als Zahl des Satans einzustufen. Es heißt nämlich, diese Zahl sei sozusagen eine Fälschung, weil sie nicht in der Thora wurzle. Diese aber ist, wie du weißt, auch die Grundlage für den Koran. Die Zahl des Tieres soll erst im 1. Jahrhundert n. Chr. erfunden worden sein. Schreibt zumindest Geza Vermes in *Jesus, der Jude*. Vermes ist Spezialist für die Qumran-Schriftrollen oder die Schriftrollen vom Toten Meer, er hat die gesamten Schriften ins Englische übertragen. Er meint, der Erfinder der Zahl des Tieres sei ein Schüler von Johannes dem Evangelisten gewesen, der für ein christliches Publikum das Buch Esra aufbereiten wollte, das zu den Nevi'im gehört, zu den Prophetenschriften. Und damit zwar zum Tanach, aber nicht zur Thora.«

»Soll das nun heißen, dass die Zahl 666 für fundamentalistische Muslime keinerlei Bedeutung hatte?«

»Ja, vor allem, weil der Fundamentalismus, 1990 wie heute, sich aus dem Fundament der abrahamitischen Religionen nährt und seine Referenzen in der Thora sucht, in der *Hidschra* und im Koran.«

»Nun, dann gehen wir eben anders vor. Versuchen wir doch verschiedene Kombinationen mit den Zahlen 40, 47, 60 und 666. Die wir dann wiederum mit Daten vergleichen, die einen direkten Zusammenhang mit der Lage im Vorderen Orient und im Irak 1990/1991 haben …«

»Ja, möglicherweise stehen diese Zahlen oder Kombinationen daraus auch für verschlüsselte Hinweise auf Ereignisse, wie das bei Semagrammen ja häufig ist.«

»Wir müssen also herausfinden, was 1369, also zwischen dem 21. März 1990 und dem 21. März 1991, auf der Welt geschehen ist, und dann eine mögliche Beziehung zu diesen Zahlen finden.«

Daraufhin lassen wir uns beide vor dem Rechner nieder und tauchen tief ein in die Geschehnisse des Jahres 1990.

»Heureka!«, schreit Dominique plötzlich.

Ich mustere ihn neugierig.

»Ich hab's! Die zwei Resolutionen der Vereinten Nationen von 1990, die mit dem Irak und dem zweiten Golfkrieg zu tun haben, tragen die Nummern 666 und 678. Die erste ist vom 13. September 1990: Die Vereinten Nationen erinnern den Irak an seine humanitären Verpflichtungen und legen entsprechende Sanktionen fest. Diese Sanktionen zusammen mit dem Embargo und der gezielten Bombardierung durch die amerikanische Armee forderten nach Angaben der Vereinten Nationen in zehn Jahren 1,5

Millionen Opfer, von denen 40 Prozent unter 15 Jahre alt waren. Zwischen 1990 und 1991 stellten die Resolution 666 und ihre irakischen Opfer – 55 Prozent Schiiten, 40 Prozent Sunniten – eine sehr viel greifbarere Bedrohung dar als das Hirngespinst eines Johannesschülers.«

»Ja, das könnte hinkommen. Und die andere Resolution?«

»Resolution 678 ist vom 29. November 1990 und wird gemeinhin als unrechtmäßig betrachtet: Die Vereinten Nationen brechen Artikel 27, 42 und 47 ihrer eigenen Charta und stellen dem Irak ein Ultimatum. Saddam Hussein hat Zeit bis Mitternacht des 15. Januar nach New Yorker Zeitrechnung, um seine Truppen aus Kuwait abzuziehen, sonst muss er mit einem militärischen Gegenschlag rechnen – also 47 Tage, vom 29. November bis zum 15. Januar.«

»Aha …«

»Und ich bin noch nicht fertig: Die Zahl 47 in unserem Dreieck verweist auf die 678. Denn sie passt nicht nur auf die 47 Tage des Ultimatums, sondern bezeichnet auch einen der Artikel der UN-Charta, gegen die verstoßen wurde.«

»Ich erinnere mich noch, dass irakische Diplomaten, unterstützt von den Arabern und den nicht mit der Koalition der Westmächte verbündeten Muslimen, vergeblich gegen die willkürliche und erstaunlich vorschnelle Verhängung dieses Ultimatums protestierten. Auch die Sachverständigen für internationales Recht kritisierten die Vereinten Nationen dafür. Verglichen mit ähnlichen Fällen wurde das Ultimatum tatsächlich recht schnell verhängt, und diese Besonderheit trug zum nicht rechtmäßigen Charakter der Resolution zusätzlich bei. Dazu kam noch die Unverhältnismäßigkeit zwischen den Kräften der Koalition angesichts ihrer anfänglichen Ziele und der tatsächlichen Stärke Saddam Husseins.«

Offensichtlich scheint Dominique mein Interesse am Teppich allmählich zu teilen.

»Also, fassen wir mal zusammen: Die 666 und 47 sind codiert dargestellte Zahlen und verweisen auf die Resolutionen 666 und 678 der Vereinten Nationen. Und jetzt mach mal, was ich dir sage. Trage das von den drei Venussternen gebildete Dreieck auf der Schemazeichnung von dem Teppich ein, die wir angefertigt haben (siehe Abb. 7.1, Bildteil). Dann setz die 666 in die Mitte des Dreiecks, die 47 rechts davon, da die Seite mit 47 Zentimetern Länge die rechte ist. Dann zeichne einen horizontalen Pfeil unter die beiden Zahlen. Die Pfeilspitze zeigt nach rechts. Dieser Zeitpfeil drückt das Vergehen der Zeit aus und die Koordinierte Weltzeit (UTC). Die Zahl 666 steht für das ältere Ereignis und daher links. Die Zahl 47 steht für das jüngere Datum und damit rechts.«

»Aha, und warum das alles?«

»Wenn du diese Schemazeichnung nun auf den Teppich legst, endet die Zukunft, die mit dem 29. November 1990 – symbolisiert durch die Zahl 47 – beginnt, am überzähligen Pfeiler der Brooklyn Bridge. Das führt uns nirgendwohin. Also versuchen wir dasselbe mit der linken Seite des Teppichs. Dort ist die Vergangenheit angesiedelt, alles, was vor dem 13. September 1990 – alias die Zahl 666 – passiert ist. Um diese Erweiterung unseres Zeitrahmens zu verdeutlichen, müssen wir den Pfeil nur bis zur linken Seite hin verlängern (siehe Abb. 7.2, Bildteil). Dieser lange Pfeil symbolisiert eine Periode von neun Monaten, beginnend an der linken Seite. Dort steht der 21. März 1990, da das afghanische Jahr 1369, das auf dem Teppich steht, an ebendiesem Tag beginnt. Der Pfeil führt durch das Dreieck hindurch, in das wir die 666 eingetragen haben, also den 13. September 1990. Die Spitze hingegen weist auf die 47, also den 29. November 1990, der immer noch zum Jahr 1369 gehört. Dieser verlängerte Zeitpfeil erlaubt uns, noch mehr Ereignisse aus dem Jahr 1990 einzutragen, die vermutlich den Grund für die dschihadistischen Vergeltungsmaßnahmen angeben. Diese Daten sind als Semagramme auf dem blauen Teppich eingetragen, als die Zahlen 47 und 666.«

Ich halte den Atem an.

Dominique fährt fort: »Und ich glaube, wir können noch weitere Semagramme finden. Die ersten vier Gebäude auf der linken Seite könnten ebenso vier Zahlen kommunizieren, die andere Ziffern, in diesem Fall möglicherweise ein Datum, angeben.«

»Sprich weiter, ich höre dir zu.«

»Ich werde die Anzahl der Fenster in senkrechter Reihe der ersten vier Gebäude zählen. Damit kommen wir auf folgende Zahlen: 333, 7, 665 und 999.«

»Nun müssen wir nur noch herausfinden, für welche Daten zwischen dem 21. März und dem 13. September 1990 die Zahlen 333, 7, 665 und 999 stehen.«

Ich suche im Internet und ziehe meine Notizen über die Ereignisse der Jahre 1990/1991 zurate.

»Da! Ich habe drei Dinge gefunden, die während des zweiten Golfkriegs von der Regierung Bush und den Vereinten Nationen beschlossen wurden.«

»Schieß los!«

»Für die 7 gäbe es da den 7. August 1990, als die amerikanischen Militärstützpunkte in Saudi-Arabien errichtet wurden. Die Umma, die Gemeinschaft der Muslime, sah dies als Entweihung des Landes, in dem die heiligsten Stätten des Islam liegen. Man betrachtete dies als Spaltung der Umma, als Fitna.«

»Für die 665 gäbe es die UN-Resolution Nr. 665 vom 25. August 1990: Die Vereinten Nationen erlauben die Anwendung von Gewalt gegen den Irak. Der Vertreter des Irak bei den Vereinten Nationen reicht eine Protestnote ein. Ziel dieser Maßnahme war es, das Embargo gegen den Irak durchzusetzen, und zwar auf eine möglichst abschreckende, brutale und umfassende Weise, um den Irak von seinen Ressourcen abzuschneiden.«

»Perfekt!«

»Und für die 999?«

»Das ist zugegebenermaßen ein bisschen komplizierter. Ich vermute, dass es um das Treffen zwischen Bush und Gorbatschow in Helsinki geht, das am 9. September 1990 stattfand. Hier wird das kryptografische Mittel der Transposition angewandt. Schreibt man das Datum abgekürzt 9 / 9 / 90, wie es in den englischsprachigen Ländern üblich ist, dann wird sofort klar, dass es passt. In diesem Fall ist es auch nicht von Bedeutung, dass die englischsprachigen Länder gewöhnlich den Monat vor dem Tag angeben.«

»Und worum ging es bei diesem Treffen? Daran erinnere ich mich nicht mehr.«

»Die UdSSR war ein Verbündeter des Irak. Gorbatschow und Bush haben sich im finnischen Helsinki getroffen, um über Sanktionen gegen Saddam Hussein zu verhandeln. Gorbatschow geht es um die Erhaltung des Friedens. Er wird mit Bush eine Achse Washington-Moskau bilden, um die Irakkrise zu lösen. Der russische Präsident lässt sich überzeugen, dass eine diplomatische Lösung möglich ist, und wird keine Truppen entsenden. Das gibt Bush freie Hand im Irak und im Nahen Osten. Er informiert Gorbatschow nicht über die Rede, die er 48 Stunden später in Washington halten sollte – am 11. September, um genau zu sein.«

»Ja. Die Rede, in der er weiter von der Doktrin der amerikanischen Vorherrschaft ausgeht, die Ende der Achtzigerjahre ausgearbeitet und 1992 überarbeitet wurde. Ich erinnere mich.«

»Aha, und was folgt nun daraus?«

»Das ist sozusagen die zweite Etappe der Dechiffrierung. Ich trage die Zahlen 7, 665 und 999 auf unserem Zeitpfeil ein, und zwar genau in dieser Reihenfolge (siehe Abb. 7.3, Bildteil). Und was siehst du nun zwischen der 999 und der 666?«

»Nichts.«

»Genau. Zwischen dem 9. September 1990 – der 999 – und dem 13. September 1990 – der 666 – sind 96 Stunden Leere.«

»Eine Leerstelle von 96 Stunden zwischen dem 9. September und dem 13. September – ist es das, was du meinst?«

»Ich glaube, dieses Intervall lässt fast keine andere Interpretation zu: Es verweist auf das Motiv, das in unserer Reihe noch fehlt. Eines, das genau in der Mitte zwischen den beiden Daten liegt: der 11. September 1990. Auf unserem Zeitpfeil jeweils 48 Stunden von den beiden angrenzenden Daten entfernt.«

»Und die Dauer dieser Leerstelle ist wiederum deckungsgleich mit der Anzahl der Ischtar-Sterne auf der Bordüre: 96. Die Anzahl der Sterne, die zur Göttin des Wandels gehören, stellt, wenn man sie in Stunden umwandelt, vielleicht einen Hinweis auf die Bedeutung der drei weißen Zeichen dar, die wir bislang nicht kannten.«

»Der transkriptorische Kunstgriff, der uns auf die Zahlen 7, 665 und 999 geführt hat, war das Zählen der Fenster in den Gebäuden. Im Englischen aber wird der 11.9. immer als ›9 / 11‹ geschrieben.«

»Du meinst also, wir sollten auf dem Feld des Teppichs zwischen den Punkten, wo die Semagramme 999 und 666 stehen, drei weitere Motive suchen, die folgende Merkmale haben: Irgendwie müssen 9 Einheiten mit zweimal einer Einheit kombiniert sein.«

»Ja, das könnte sich lohnen.«

»Wie wär's denn mit den drei Motiven, die unterhalb der Brücke untereinanderstehen? Gleich neben der Spiegelung des beigefarbenen Schriftzugs, der *dawlat shahi,* also ›königlicher Schatz‹ oder ›viel Glück‹ meint. Wenn man mit der Zählung ganz oben anfängt, wie ja auch die Schrift von oben nach unten gelesen wird, finden wir neun schwarze Punkte auf weißem Grund mit rotem Rahmen. Dann kommt ein schwarzer Punkt auf weißem Grund mit rotem Rahmen. Und schließlich ein schwarzer Punkt auf der auffälligen weißen Sechseckform, die aufgrund ihrer Helligkeit ins Auge sticht.«

»Also ergeben die schwarzen Punkte eben die Zahlenfolge 9, 1, 1 oder 911. Schreibt man den Monat an die erste Stelle, wie es im englischsprachigen Raum üblich ist, dann hätten wir das Datum der Bush-Rede vom 11. September.«

»Diese Rede ist ja berühmt geworden. Es handelt sich um eine Rede von George H. Bush im Kapitol vor dem Amerikanischen Kongress zur Krise am Persischen Golf. Er spricht darin eine neue Weltordnung an. Diese Rede machte deutlich, dass das Bündnis gegen den Irak als Vorwand diente, um den amerikanischen Zugriff auf den Nahen und Mittleren Osten zu verstärken. Für viele Muslime war dies nur ein zusätzlicher Vorwand für neue Plünderungen. Vor allem folgende Passage gab Anlass zur Beunruhigung: ›Unser Interesse am Golf ist kein vorübergehendes. [...] Lange nachdem sich unsere Truppen zurückgezogen haben, wird es die Aufgabe der Vereinigten Staaten bleiben, die Anrainerstaaten am Persischen Golf dauerhaft zu unterstützen.‹ Die amerikanischen Truppen zogen sich erst zweiundzwanzig Jahre später zurück, und das Embargo gegen den Irak blieb dreizehn Jahre lang bestehen. Es wurde erst zwei Monate nach der Invasion der Amerikaner vom März 2003 aufgehoben. Damit begann die achtjährige Besetzung des Irak. Am 11. September 1990 hatte Bush noch erklärt: ›Niemand soll aus dieser Krise Profit schlagen.‹ Diese Erklärung hatte Bush noch Standing Ovations von den Kongressabgeordneten eingetragen, auch wenn diese sozusagen von einem Souffleur angeregt worden waren, der programmgemäß die Claque auf den Plan rief.«

In *Le Monde Diplomatique* vom Oktober 1990 kommentierte Chefredakteur Claude Julien die Rede George H. Bushs in einem Editorial. Er wies auf die Auswirkungen hin, die die Doktrin von der amerikanischen Vorherrschaft auf sozialem, politischem und wirtschaftlichem Gebiet auf einen Teil der Weltwirtschaft haben würde: »Die neue Unordnung stellt nicht nur ein moralisches Problem dar von der Art, wie es die ›Realisten‹ gerne mit einer Kopfbewegung beiseitefegen. Sie wird auch zu mehr Instabilität in strategisch wichtigen Regionen führen, sie bedroht die Sicherheit und den Weltfrieden.« Das, was Claude Julien im Oktober 1990 so hellsichtig vorwegnahm, indem er die kurzfristigen Folgen der von George H. Bush am 11. September 1990 angekündigten Strategie analysierte, hatte mit einer Fitna begonnen, einer Spaltung im Herzen der muslimischen Gemeinschaft, aus der heraus sich der radikale Islam wandelte und mit ihm auch die Mittel, zu denen er griff. Zu den mittelfristigen Effekten gehören wohl die 1,5 Millionen irakischen Zivilisten, die in den folgenden zehn Jahren getötet wurden – im Namen einer aggressiven wirtschaftlichen Expansion, die Claude Julien 1990 als »Terrorismus« bezeichnet hatte.

Dominique ließ sich zufrieden auf das Sofa sinken.

»Das klingt doch alles ganz überzeugend. Die Puzzlestückchen beginnen allmählich, zueinanderzupassen.«

»Ja, ich glaube, es lassen sich schon Zusammenhänge zwischen dem 11. September und anderen Jahrestagen finden. Da ist zum einen die ziemlich klare Verbindung zwischen dem 11. September 1990 und den Attentaten am selben Tag des Jahres 2001. Die Erklärung Bushs hatte den zweiten Golfkrieg zur Machtdemonstration eines selbsternannten Weltgendarmen gemacht. Die Attentate vom 7. August 1998 verweisen vermutlich ebenso auf die Entweihung des Landes der Heiligen Orte am 7. August 1990. Diese Profanierung hatte bei vielen aufrührerischeren Arabern und Muslimen eine religiöse Wendung ausgelöst und ihre Beweggründe im besten Fall irrational werden lassen, im schlimmsten Fall aber deuteten sie ihren Kampf als epische Schlacht gegen das Böse um.«

»Diese Übereinstimmungen sind umso wahrscheinlicher, als es nicht nur bei al-Qaida gängige Praxis ist, Attentate an Jahrestagen zu begehen. Und das bezieht sich keineswegs nur auf die Jahre 1990/1991. Bei islamischen Revolutionen wird häufig ein besonders signifikantes Datum gewählt. So auch 1979, als die Große Moschee in Mekka von 300 radikalen Islamisten besetzt wurde. Die Besetzung wurde unter Beihilfe von drei Offizieren der französischen Anti-Terroreinheit GIGN beendet. Das Kommando wurde von Dschuhaiman al-Utaibi angeführt, der behauptete, er sei der allseits erwartete Mahdi: der letzte Kalif Allahs, der am Ende der Zeiten Frieden auf Erden bringen werde. Der Glaube an den Mahdi wird im Hadith verkündet, einer Sammlung von Worten und Taten des Propheten Mohammed. Er soll der Letzte in der Reihe der Imame sein, an die die Zwölfer-Schiiten glauben. Al-Utaibi hatte für den Anschlag und die Verkündung seiner Botschaft den 20. November 1979 gewählt. Den ersten Tag des 15. Jahrhunderts nach dem islamischen Mondkalender.«

»Sollen wir also eine Chronologie der im Teppich angesprochenen Ereignisse erstellen? Was meinst du?«

Auf dem Zeitpfeil nimmt die Zahl 911 den ihr gebührenden Platz zwischen der 999 und der 666 ein. Dementsprechend trage ich sie auf einem Foto des Teppichs ein (siehe Abb. 8, Bildteil). Der Zeitpfeil umfasst sechs Ereignisse, die mit Sanktionen der Vereinigten Staaten und der Vereinten Nationen im Mittleren Osten zu tun haben und sozusagen die Triebfeder der Attentate darstellen. Diese Vorgänge ereigneten sich zwischen dem 7. August und dem 29. November 1990:

7. August: Einrichtung amerikanischer Militärstützpunkte in Saudi-Arabien

25. August: UN-Resolution 665

9. September: Treffen zwischen Bush und Gorbatschow in Helsinki

11. September: Rede von G. H. Bush im Kapitol

13. September: UN-Resolution 666

29. November: UN-Resolution 678

Dominique hält mit dem Schreiben inne und blickt fragend auf:

»Hast du eine Idee, was die folgenden Ereignisse angeht?«

»Ja. Dann kommen der ergebnislose Ablauf des Ultimatums, die Koalition gegen den Irak und die Anwendung der Resolutionen, von denen wir gesprochen haben. Aber natürlich können auch die Zahlen 40, 47 und 60 auf drei Jahrestage verweisen und nicht nur auf die entsprechenden Koransuren. Im Jahr 1990 feierten zum Beispiel die Muslimbrüder den 60. Jahrestag ihres Bestehens. Aus diesem Grund veröffentlichte Aiman az-Zawahiri sein Buch *Die bittere Ernte*, von dem bereits die Rede war.«

Aiman az-Zawahiri wurde 1966 Mitglied der Muslimbrüder, doch in seinem Buch zog er eine bittere Bilanz der Organisation sowie der 60 Jahre ihres Bestehens. Andererseits ist das Jahr, in dem die Muslimbruderschaft gegründet wurde, nicht dasselbe wie das, in dem sie ihr Credo veröffentlichte: 1930. Dieses aber wurde für den 60. Jahrestag herangezogen. Die Muslimbruderschaft wurde von Hassan al-Banna 1928 ins Leben gerufen. 1928 entspräche dem Jahr 1347 des *Hidschra*-Mondkalenders.

»Andererseits könnte die 40 einen weiteren Verweis auf die *Hidschra* darstellen, die durch die Zahl 96 schon ins Spiel kam: Mohammed war 40 Jahre alt, als ihm die Sure 96 auf Befehl des Erzengels Djibril, d. h. Gabriel, eingegeben wurde.«

»Ja, das scheint mir plausibel.«

»Und die 333?«

»Das sind die drei Fensterreihen im ersten Gebäude auf der linken Seite des Teppichs, das gleich neben der Bordüre steht. Möglicherweise ist das eine chiffrierte 9 und verweist auf die Sure 9, Al Tawba, die Buße. Diese Sure wird gewöhnlich vor dem Bekennerschreiben zu einem Attentat, einer Fatwa und einer anderen dschihadistischen Erklärung verlesen. Sozusagen als Einleitung. Wie sie auch hier unseren Zeitpfeil mit den sechs Ereignissen einleitet. Auch in Az-Zawahiris Buch findet sie sich: O *ihr, die ihr glaubt: Bekämpft die von den Ungläubigen, die euch nahestehen.** (9, 123) Er zitiert auch die Verse 38, 39 und 40.«

Diese Sure hat, wie einige andere im Koran, eine besondere Bedeutung: Sie hebt andere Gebote auf. Zumindest heißt es dies in *Al-Qaida: Texte des Terrors*:

»Die neunte Sure, die Sure vom Bruch (*al-bar'a*) oder von der Reue (*al-tawba*) enthält einige besonders kriegerische Aussagen des Korans und wird deshalb von den Ideologen des Dschihad gern zitiert. Der fünfte Vers dieser Sure [...] ist der berühmte ›Vers vom Schwert‹. Für Muslime setzt er jeden anderen Vers außer Kraft, der zu einer versöhnlichen Haltung gegenüber Nicht-Muslimen aufruft.«**

»Die Sure 9 ist also die fünfte Sure, die bei unserer Dechiffrierung ans Licht kommt. Zusammengefasst: Die fünf Suren, die den Triebfedern für das Attentat beigesellt wurden, sind: 9, 40, 47, 60 und 96.«

»333, 999, 666. Und eine Leerstelle zwischen 999 und 666. Eigenartig, nicht?«

»Was meinst du damit?«

»999 und 666 umfassen ein Datum, das in der Mitte eines Zeitrahmens von 96 Stunden liegt, und der Teppich ist von 96 Sternen eingefasst. Da klingelt's bei mir. Und wenn dies sozusagen der Rahmen für die Botschaft ist, eine Art Metachiffre, die man codierten Botschaften gewöhnlich beifügt? Denn eine geheime Botschaft bringt ja nichts, wenn Ursprung und Authentizität nicht überprüft werden können.«

Die Zahlen rund um den Zeitpfeil und die Suren sind also eng mit den Motiven verknüpft, die die Chefideologen des Dschihad gewöhnlich anführen. Die zweite Ähnlichkeit zwischen dem

---

* *Der Koran*, übertragen von Hartmut Bobzin, München 2010, S. 174.

** Kepel, Gilles, Milelli, Jean-Pierre, *Al Qaida – Texte des Terrors*, München 2006, S. 90.

Zeitpfeil der »Triebfedern« und den Dschihad-Erklärungen ist die Verknüpfung von religiösen und politischen Argumenten.

Dominique verabschiedet sich und ich bleibe inmitten all dieser Zahlen zurück.

Kapitel 23

Der blaue Teppich und die Wahrscheinlichkeitsrechnung

Nun haben wir also eine Chronologie erarbeitet, welche die Motive, die hinter dem Anschlag stehen könnten, in eine zeitliche Abfolge bringt. Als Nächstes muss ich den Beweis erbringen, dass diese Chronologie auch wahrscheinlich, wenn nicht sogar wahr ist.

Ich bin überzeugt, dass sich mit statistischen Mitteln nachweisen lässt, dass die Abfolge von Ereignissen, in Zahlen verschlüsselt und dem blauen Teppich eingewebt, keineswegs zufällig ist. Denn die Kette der Zufälle wäre unwahrscheinlich lang.

Nehmen wir einmal an, im Jahr 1369 nach afghanischer Zeitrechnung, also zwischen dem 21. März 1990 und dem 21. März 1991, hätten sich zwischen dem Breitengrad von Helsinki und dem der Arabischen Halbinsel fünfzig Ereignisse zugetragen, an denen die nahen und fernen Feinde der islamischen Fundamentalisten als Akteure beteiligt waren.

Nehmen wir weiter an, diese fünfzig Ereignisse seien von der Art gewesen, dass sie ein mögliches Motiv für radikal-islamistische Anschläge gegen die Vereinigten Staaten und ihre Verbündeten abgeben könnten. Zu den fünfzig Ereignissen könnte man schon mal die fünfzehn Resolutionen der Vereinten Nationen, die anlässlich des zweiten Golfkriegs im Irak verabschiedet wurden, zählen, sowie die drei Ereignisse, die wir bereits auf unserem Zeitpfeil eingetragen haben.

Welche weiteren Ereignisse könnten ergänzend hinzukommen, damit wir schließlich bei fünfzig landen? Infrage kämen da politische Sanktionen vonseiten der westlichen Verbündeten gegen den Irak, als Drohung empfundene Äußerungen oder politische beziehungsweise ökonomische Maßnahmen der Amerikaner, die sich für den Mittleren Osten oder Muslime im Allgemeinen nachteilig auswirken könnten. Nehmen wir dazu noch Ereignisse, die Motive für dschihadistische Vergeltungsmaßnahmen liefern könnten, dann dürfte es noch einfacher sein, für das Jahr 1990, als der Teppich entworfen wurde, fünfzig Vorfälle zusammenzubekommen, die unsere Kriterien erfüllen. Schließlich fand zu dieser Zeit gerade der zweite Golfkrieg statt, und in Kriegszeiten ist reales oder empfundenes Fehlverhalten ohnehin wahrscheinlicher als im Frieden.

Diese fünfzig Ereignisse, die wir als mögliche Auslöser für dschihadistische Vergeltungsmaßnahmen identifiziert haben, könnten wir sodann von 1 bis 50 durchnummerieren. Die Chance, dass Sie aus diesen fünfzig Ereignissen sechs nach dem Zufallsprinzip auswählen und dass diese dann auch noch in einer chronologischen Abfolge stehen, liegt bei 1:0068 347 620. Einen Sechser im Lotto zu haben ist einfacher!

In Frankreich müssen Sie beim Lotto schließlich nur fünf von fünfzig Zahlen richtig getippt haben, und diese fünf Zahlen müssen nicht in einer bestimmten Reihenfolge stehen. Und es gibt ja noch eine Zusatzzahl, folglich liegt die Chance auf einen Sechser im Lotto bei 1:19 068 840. Es ist also 528-mal einfacher, einen Sechser im Lotto zu haben, als per Zufall sechs Zahlen auszuwählen, die für sechs Ereignisse in einer ganz bestimmten zeitlichen Abfolge stehen. Noch schwieriger wird es, wenn die sechs Zahlenereignisse darüber hinaus noch einen bestimmten inneren Zusammenhang aufweisen müssen – etwa einen Bezug zum selben Konflikt zu haben, Teil einer internationalen strategischen Maßnahme bzw. Begründung für eine solche zu sein –, um im Jahr 1369 nach afghanischem Kalender als Auslöser für eine dschihadistische Offensive infrage zu kommen.

Wenn dann noch die erste dieser sechs Zahlen, die für sechs aufeinanderfolgende Ereignisse stehen, eine Zahl ist, die für eine der »kriegerischen« Suren steht, verringert sich die Chance, dass dies ein Zufall ist, noch einmal ganz erheblich.

Auch hier liegt die Schlussfolgerung mehr oder weniger auf der Hand: Die geringe Wahrscheinlichkeit sowie der systematische Charakter der verschiedenen Zahlen-Semagramme, die der Schöpfer des Teppichs verwendet, lassen es wenig glaubhaft erscheinen, dass der im Teppich verborgene Zeitpfeil ein bloßes Produkt des Zufalls sein soll. In den Monat Sonbola, den einige der Übersetzer in dem weißen Schriftzug unterhalb der Brücke erkennen wollen und der vom 23. August bis zum 22. September dauert, fallen vier der auf dem Zeitpfeil eingetragenen Ereignisse: 665, 999, 911 und 666. Dass die drei weißen Objekte die Zahl 911 ergeben und an den Schriftzug *dawlat shahi* (viel Glück) grenzen, gewinnt vor diesem Hintergrund eine eigene Bedeutung.

Doch kommen wir noch einmal auf die fraglichen Codierungstechniken zurück: Steganografie und Semagramme. Der Erfinder der Steganografie soll Demaratos gewesen sein, der von 515 bis 491 v. Chr. König von Sparta war. 484, während der Kriege gegen die Meder, verriet Demaratos den Perserkönig Xerxes und warnte die Griechen vor einem unmittelbar bevorstehenden Angriff. Demaratos rief seinen vertrauenswürdigsten Sklaven, ließ ihm das Haar scheren und eine Botschaft auf den kahlen Kopf tätowieren. Als die Haare des Sklaven nachgewachsen waren, schickte er ihn zu einem Freund im griechischen Heer. Der Grieche brauchte Demaratos' Sklaven nur erneut zu scheren, um die Botschaft lesen zu können und die Griechen auf den Angriff der Perser vorzubereiten. Diese Kommunikationstechnik nennt man Steganografie oder verdeckte Botschaft.

Während also die Kryptografie die Kunst der Geheimschrift ist, ist die Steganografie, von griechisch *steganos*, »bedeckt«, die Kunst, Botschaften zu verstecken. Heute dient diese Technik zum Beispiel dazu, ein Produkt mit Botschaften zu versehen, die für den Konsumenten unsichtbar sind. Des Weiteren bezeichnet die Steganografie eine Sicherheitstechnik in der Informatik.

Mehrere amerikanische Medien wie die *New York Times* und *USA Today* haben vom FBI die Information erhalten, dass al-Qaida solche Techniken durchaus benutzt hat. Dabei wird in einzelne Pixel einer Datei, zum Beispiel einer Videodatei, per Bit-Manipulation die geheime Botschaft geschrieben. Diese manipulierten Pixel stehen sodann völlig unschuldig unter Millionen anderer Pixel. Die Veränderung ist nicht erkennbar. Der Empfänger der Botschaft jedoch weiß, wo er suchen muss, und muss den Prozess nur umkehren.

Zwischen Demaratos und der modernen Informatik deckt die Steganografie ein weites Feld ab: Semagramme, Akrosticha, Bilderrätsel, die mythische Sprache der Vögel, Mikrofilme, Geheimtinte oder tantrische Codes für die »Eingeweihten« erotischer Kulte. Dass diese Technik so gut funktioniert, liegt einesteils an der Fantasie ihrer Anwender, andernteils an der systembedingten Faulheit unseres Gehirns und unserer Augen, die immer den bequemsten Weg gehen. Sie entscheiden sich bei der Deutung einer visuellen Wahrnehmung stets für die einfachste Lösung und decodieren die Welt auf der Grundlage bereits vorhandener Daten, assoziieren das wahrgenommene Objekt mit einem bereits bekannten, ihm ähnlichen. Fantasie ist dabei erst mal nicht gefragt, sonst wäre unser Leben unerträglich. Man muss sich nur einmal vorstellen, welche Hölle ein Leben wäre, in dem man auch das kleinste Detail, die winzigste Erfahrung jedes Mal neu definieren müsste, ohne auch nur eine Sekunde an Wachsamkeit nachlassen zu dürfen. Daher sind Augen und Gehirn faul und geben sich mit ihrer spontanen Interpretation zufrieden. Der Nachteil dabei ist, dass diese erste Interpretation häufig blind macht für andere Möglichkeiten, da das Auge und das Gehirn an dem festhalten, was ihnen auf den ersten Blick richtig erscheint, und andere Deutungen ausschließen. Selbst wenn die Realität den ersten

Anschein widerlegt, wird dies von Auge und Gehirn nicht wahrgenommen. Ohne diese Faulheit gäbe es keine optischen Täuschungen, keine Zauberkünstler, keine Trickbetrüger und keine codierten Bilder …

Die moderne Psychologie benutzt dafür den Begriff der »Blindheit«, zum Beispiel bei der »Unaufmerksamkeitsblindheit« (*inattentional blindness*). Zwei Psychologen, Arien Mack und Irvin Rock, führen seit etwa zwanzig Jahren Experimente durch, die dieses Phänomen belegen. So zeigten sie beispielsweise mehreren Versuchspersonen ein Basketballspiel auf einem Monitor. Während des Spiels lief immer wieder ein Mann im Gorillakostüm über das Spielfeld. Bei einem zweiten Versuch schickte man eine Dame mit Regenschirm ins Bild. Nach dem Spiel befragte man die Versuchsteilnehmer: 75 Prozent hatten den Gorilla beziehungsweise die Dame mit Schirm nicht wahrgenommen. Die Anzahl der Zuschauer ist dabei völlig unerheblich. Es genügt, wenn man sie bittet, sich auf bestimmte Einzelheiten zu konzentrieren wie Ergebnisse, Anzahl der Pässe, Freiwürfe et cetera.

Unser bewusstes Denken ist in gewisser Weise faul, unsere Aufmerksamkeitsspanne kurz, und für unsere Augen und unser Gehirn gilt das Gleiche. Diese grundsätzliche Faulheit ist das Rohmaterial der Manipulateure und all derer, die daraus einen Beruf gemacht haben. Das, was unser Bewusstsein und unsere Ratio als »offensichtlich« zu erkennen meint, ist der Schlüssel zu jeder Illusion. Das Offensichtliche ist der Schleier, der verbirgt, was nicht offensichtlich und nicht »normal« ist. Auge und Gehirn halten meist an ihrer ersten Interpretation fest, die die Wirklichkeit verhüllt. Zumindest so lange, wie das Bewusstsein nicht über die Grenzen des Gelernten und seiner Gewissheiten hinausblickt. Wie meinte doch Antonin Artaud: »Das Offensichtliche ist die Lüge der Vernunft.« Und diese Lüge öffnet die Tür für zahllose andere, die ihr nachfolgen.

Ganz ähnlich erging es mir, als ich den Teppich gekauft hatte. Auch ich habe vor dem 11. September 2001 nicht gesehen, was darauf abgebildet war. Für mich war das die stilisierte Darstellung eines fotografischen Panoramas, das in meinem visuellen Gedächtnis gespeichert war und die Details, die dem Teppich seinen eigentlichen Sinn verliehen, ausklammerte. Erst nach dem Angriff auf den Nordturm am 11. September 2001 entfalteten die Motive auf dem Teppich für mich ihren ganzen Sinn. Das, was auf dem Teppich dargestellt war, hatte keinerlei Bezug zu einer mir bekannten Wirklichkeit gehabt. Und ohne einen Bezug, auf den ich aufbauen konnte, schien das, was auf dem Teppich angedeutet war, völlig unwahrscheinlich.

Daher ist mir das Hauptmotiv des Teppichs zehn Jahre lang entgangen, und das mag für andere Menschen in den 21 Jahren seiner Existenz genauso gelten.

Was der Teppich zeigt, entfernt sich so weit von bekannten Bezugspunkten und von den Seh- und Denkgewohnheiten westlicher Beobachter, dass Auge und Geist jedem Betrachter einen anderen Eindruck liefern, eine scheinbar vernunftbasierte Gewissheit des Offensichtlichen, die das tatsächlich Vorhandene überdeckt. Und so wurde das eigentlich Dargestellte unsichtbar, es lag jenseits der Grenzen. Ebendas ist die Kunst der Steganografie. Die verschiedenen abweichenden Übersetzungen der weißen und braunen Schriftzüge unterhalb der Brücke gehören vielleicht ebenso in dieses Verwirrspiel. Der Verweis auf Istanbul oder die Türkei war möglicherweise ein weiterer Kunstgriff, den Betrachter auf eine falsche Fährte zu führen, die visuelle Chiffrierung zu unterstützen.

Da drängt sich die Frage auf: Welcher Sinn kann in der Wahl der steganografischen Methode stecken?

Die Steganografie, die Semagramme und unser chiffrierter Teppich gehören in die Kategorie der »privaten« Verschlüsselung. Sie sind für eine punktuelle oder einzige Kommunikation gedacht, im Gegensatz zu der »öffentlichen« Verschlüsselung. Die »öffentliche« Verschlüsselung wird im diplomatischen Dienst, bei Geheimdiensten oder in der Armee angewendet. Dabei werden Informationen und Botschaften verschlüsselt, um sie für all jene unlesbar zu machen, die nicht Teil dieser speziellen Gruppe sind. Nichtsdestotrotz sind die Botschaften für alle lesbar, die den öffentlichen Schlüssel besitzen. Der Schlüssel ist zwar vertraulich, kann aber potenziell an unendlich viele Mitglieder verteilt werden. Bei der privaten Verschlüsselung dagegen, vor allem bei den Semagrammen, gibt es keinen verbindlichen Code, mit dem man sie knacken könnte. Der Code wird vielmehr für jede Botschaft neu generiert, weil er nur für diese eine Botschaft gilt oder punktuell für eine Gruppe beziehungsweise ein Individuum. Ein Code, der nach steganografischen Prinzipien erstellt wurde, bietet unendlich viele Möglichkeiten, weil er verschiedene Faktoren zusammenbringt.

Ich jedenfalls sehe mindestens vier solcher Faktoren.

Da ist zunächst einmal die kulturelle Prägung derer, die den Code erfinden. Zum Beispiel: ein *ustad* aus dem belutschischen Afghanistan im Zusammenspiel mit den Auftraggebern des Teppichs.

Dann sind da die verschiedenen Encodierungstechniken: Einzelne Motive wie Punkte oder Fenster können genutzt werden, um Zahlen zu signalisieren, die wiederum auf bestimmte Daten verweisen und damit auf Ereignisse. Einige Zahlen treten uns als geometrische Figur entgegen, andere als Ergebnis numerologischer Rechenvorgänge wie die 666 oder die 999. Auch die Substitution ist ein sinnvolles Mittel: So stehen die Textbänder in Beige und Weiß oberhalb der Brücke als Substitut für die Zwillingstürme. Oder man tauscht Symbole aus: Auf dem Teppich steht das hebräische Shin für Israel und nicht der Davidstern, der mittlerweile jedem bekannt und deshalb zu leicht zu identifizieren ist.

Sogar die Botschaft selbst bietet in Inhalt, Art, Länge und Technik die verschiedensten Möglichkeiten zur Chiffrierung.

Und schließlich: der oder die Empfänger der codierten Botschaft und ihre Art, die Botschaft zu entschlüsseln. All das gibt eine recht sichere Sammlung von Verschlüsselungsebenen.

Andererseits erfordert die Steganografie keine großen finanziellen Mittel. Zahllose Trägermedien eignen sich für steganografische Verschlüsselung und ebenso viele Lesarten. Zuallererst aber sind es die Einzigartigkeit der Verschlüsselung und die begrenzte Anzahl der Empfänger einer zu decodierenden Botschaft, die die Vertraulichkeit einer Übertragung und die Authentizität der Botschaft sicherstellen. Offensichtlich wusste dies auch Khalid Scheich Mohammed, der 2006 über den Umgang mit Information in seiner Organisation sagte: »Wenn vier Personen die Details einer Operation kennen, ist das gefährlich. Sind es nur zwei Personen, ist das gut. Wenn nur einer Bescheid weiß, ist es noch besser.«

Interessanterweise spricht Khalid Scheich Mohammed nicht darüber, was geschieht, wenn die Details einer Operation drei Leuten bekannt sind.

Kapitel 24

Zu guter Letzt: Das Puzzle wird zusammengesetzt

Nun, wo ich in meiner Interpretation recht weit gekommen bin, bleibt mir nur noch, alle Informationen, die ich im Laufe der Jahre zusammengetragen habe, miteinander zu verknüpfen.

Wenn ich bei meiner Arbeit etwas gelernt habe, dann dies: dass man zu mehreren immer besser und schneller vorwärtskommt als allein. Also rufe ich jene beiden Freunde an, die mir seit Beginn der Recherchen am meisten geholfen haben: Frédéric, der die arabische Welt sehr gut kennt, und Roland, der gesunden Menschenverstand besitzt und dem die Ideen niemals ausgehen. Die beiden erklären sich bereit, an einer Brainstormingrunde teilzunehmen, und so sitzen wir ein paar Stunden später im Schneidersitz in meinem Wohnzimmer und lassen den Blick über den Teppich wandern.

Ich will meine Hypothese überprüfen.

»Meine jüngsten Resultate lassen vermuten, dass die Motive und Vergeltungsmaßnahmen, auf die der Teppich anspielt, auch in der Analyse der Ursachen des 11. September eine gewisse Rolle spielen.«

Frédéric unterbricht mich: »Du sprichst vom *Blowback*, nicht wahr?«

»Blowback? Was soll das sein?«, fragt Roland erstaunt.

Frédéric erklärt: »Der Blowback ist ein Begriff aus der Geheimdienstwelt, der nach 1954 speziell von der CIA geprägt wurde. Es geht dabei um die unerwarteten Folgen bestimmter Maßnahmen der amerikanischen Außenpolitik, die die CIA ergriffen hat. Das bekannteste Beispiel ist wohl der Sturz Mossadeghs 1953 im Iran, der den Aufstieg von Ayatollah Khomeini 1979 gefördert hat.«

Ich fahre fort: »Hier geht es speziell um die Theorie, dass die Anschläge auf die Zwillingstürme eine Reaktion auf die Strategie der amerikanischen Regierung im zweiten Golfkrieg 1990/1991 nach dem Angriff des Irak auf Kuwait sind sowie auf die dreizehn Jahre Embargo gegen den Irak von 1990 bis 2003.«

Frédéric ergänzt: »Diese Blowback-Theorie im Hinblick auf den 11. September wurde sowohl von Demokraten als auch von Republikanern vertreten, zum Beispiel von Ron Paul, der mehrfach republikanischer Präsidentschaftskandidat in den Vereinigten Staaten war. Viele Amerikaner haben dies zum Anlass genommen, gegen die Außenpolitik ihres Landes zu protestieren.«

Das stimmt. Zu den Experten, die diese These vertreten haben, gehört unter anderem Chalmers Ashby Johnson, emeritierter Professor der Universität von Kalifornien in San Diego und Autor von *Ein Imperium verfällt* (2001) sowie *Nemesis* (2007). Nicht zu vergessen Michael Scheuer, der bis 2004 Analyst bei der CIA war und von 2001 bis 2004 die Einheit beriet, die Bin Laden auf der Spur war.

Roland hakt nach: »Mir scheint, dass die Motive, die wir durch die Entschlüsselung eines doch recht ungewöhnlichen Dokuments – eines codierten afghanischen Kriegsteppichs – zutage gefördert haben, wie zum Beispiel die Suren, auch von den Experten anerkannt werden. So spielten sie etwa auch eine Rolle bei den Erklärungen Osama bin Ladens 2002 und bei denen von Khalid Scheich Mohammed 2007 in Guantánamo.«

Frédéric nickt zustimmend. »Die politischen und dschihadistischen Ideen, die wir im Teppich ausgedrückt finden, passen auch zu Alain Chouets Analysen der Entwicklung des islamistischen Terrorismus und seiner Chronologie weltweit und zu dem, was Gilles Kepel über die Fitna im Herzen der Umma sagt. Auch der französische Geheimdienst, die DGSE, geht davon aus, dass sich im Gefolge des afghanischen Bürgerkriegs seit 1989 eine radikal-fundamentalistische Strömung gebildet hat. Das würde auch zu den Daten auf dem Zeitpfeil des Teppichs passen: sechs Ereignisse zwischen dem 7. August 1990 und dem 29. November 1990.«

»Wir müssen uns überlegen, wann die Planung, die Konzeption und die Herstellung stattgefunden haben. Wenn ich mich an die Hinweise auf dem Teppich halte, dann gab wohl die Entweihung Saudi-Arabiens am 7. August 1990 den Anstoß für die Planung der Aktion. Das letzte Datum auf dem Zeitpfeil, der 29. November 1990, bezeichnet den Moment, als das Maß voll war. Nun war es Zeit, den Teppich zu knüpfen und die logistische Planung einzuleiten.«

»Wie lange es wohl gedauert hat, bis er fertig war?«

»Wir wissen nicht, wie lange die Köpfe hinter dieser Aktion für den Entwurf gebraucht haben oder wie lange ein *ustad* braucht, um einen Teppich anzufertigen.«

Frédéric denkt laut nach: »Ein Monat für die Ausarbeitung der Botschaften, des Codes und des Plans für den Teppich müsste eigentlich reichen. Schließlich dürfte es nicht mehr als ein paar Tage dauern, um eine solche Zeichnung zu erstellen und damit den Code festzulegen.«

»Dann nehmen wir einmal an, der Entwurf für den blauen Teppich war Ende Dezember 1990 abgeschlossen, spätestens Anfang Januar 1991.«

»Um einen Teppich von dieser Größe zu knüpfen, sind etwa zwei bis vier Monate nötig. Nehmen wir also den Mittelwert, drei Monate. Also insgesamt vier Monate für Konzeption und Herstellung. Wir können jedenfalls davon ausgehen, dass er frühestens Ende März 1991 für den Versand bereit war.«

»Was hieße, dass er etwa zu jener Zeit fertig wurde, die Alain Chouet als dritten Abschnitt in der Entwicklung des islamistischen Terrorismus angibt: das Ende der Operation ›Desert Storm‹ am 3. März 1991. Und da du den Teppich Ende Mai 1991 in Paris gekauft hast, war der Teppich längstens zwei Monate von Zentralasien nach Europa unterwegs. Vielleicht ist er ja in Etappen gereist.«

Jetzt ergreift Roland das Wort. »Oder er wurde erst kurz vor dem Verkauf fertiggestellt und ist sehr schnell nach Europa gelangt.«

»Ja, auch das ist möglich. Wie lange es auch gedauert haben mag, ihn zu entwerfen und herzustellen, das alles muss zwischen dem 29. November 1990, also dem letzten Ereignis auf dem Zeitpfeil der möglichen Motive, und Mai 1991, dem Monat, in dem er in Europa verkauft wurde, geschehen sein. Sechs Monate, davon allerhöchstens vier für den Entwurf und die Herstellung und zwei für verschiedenes anderes – in dieser Zeit reiste der Teppich und mit ihm sein verschlüsselter Plan durch Afghanistan und Pakistan, bis er schließlich in dem Teppichgeschäft in Europa landete.«

Wir sehen uns nachdenklich an.

Ich fahre fort: »Und wer steckt nun dahinter? Fällt uns dazu etwas ein?«

Frédéric traut sich: »Die Seltenheit, ja die Einzigartigkeit bestimmter grafischer Verfahren und die Geschicklichkeit bei ihrer Umsetzung lassen vermuten, dass der Teppich von einem versierten *ustad* geschaffen wurde oder zumindest mit seiner Hilfe entstand. Vielleicht gab es einen *ustad* und einen oder mehrere Auftraggeber. In jedem Fall erscheint es mir unwahrscheinlich, dass der Schöpfer des Teppichs von den enthaltenen Codes nichts gewusst haben soll.«

»Doch nichts lässt darauf schließen, dass die Idee, Botschaften in einen Teppich einzuweben, und der Auftrag für den blauen Teppich von einer Gruppe kommen. Es kann gut eine Einzelinitiative sein, vor allem, weil der Teppich ja sozusagen auf Irrwegen zu dir kam. In diesem Fall waren Auftraggeber und Empfänger vermutlich ein und dieselbe Person. Dann hat ein *ustad* diesen einen Teppich wohl auf spezielle Anforderung angefertigt.«

»Ja, scheint mir auch so. Aber zu welchem Zweck und Ziel?«

»Nach dem, was ich so gelesen habe, konnte ein afghanischer Kriegsteppich aus der Zeit zwischen 1990 und 1991 mehrere Funktionen haben: Er diente der Verherrlichung oder dem Gedenken an bestimmte Ereignisse, der Satire oder Parodie, aber auch als Manifest, als Liebhaberstück für verschiedene Auftraggeber und gelegentlich selbst als Finanzierungsinstrument für al-Qaida und die Mudschaheddin.«

»Wenn man bedenkt, welche bildlichen, narrativen, symbolischen und chiffrierten Objekte der Teppich enthält, kann man wohl daraus folgern, dass er ein Attentatsprojekt darstellte, vielleicht um finanzielle Mittel einzuwerben oder freiwillige Kämpfer zu rekrutieren.«

»Das kann gut sein, aber gab es nicht auch damals schon einfachere Wege, um das, was der Teppich vermitteln soll, zu kommunizieren – möglichst ohne dabei Spuren zu hinterlassen?«

Roland nickt bekräftigend: »Zum Beispiel durch Auswendiglernen: Die Botschaften im Teppich sind schließlich so klar und knapp gehalten, dass man sie sich leicht hätte merken können.«

»Ja, das stimmt. Außerdem lassen verschiedene Elemente vermuten, dass der Teppich in dem Sinn kein gewöhnliches Kommunikationsmittel ist. Schließlich wurde hier ein Trägermedium gewählt, das nur langsam und aufwendig herzustellen ist. Zudem muss man die Situation im Mittleren Orient zur Zeit der Herstellung in Betracht ziehen und den Ton der fünf Suren, die zitiert werden. Dazu kommt noch die Komplexität des Codes und der unterschiedlichen verschlüsselten Elemente.«

»Du meinst, dass es nicht nur darum ging, die Daten und Gründe für den Anschlag auf das World Trade Center zu übermitteln?«

»Genau. Ich glaube nicht, dass es hier nur um eine geheime Botschaft zum Wie und Wo des Attentats geht. Eben weil dazu steganografische Mittel eingesetzt wurden. Diese Art der Übertragung richtet sich gewöhnlich an einen sehr begrenzten Kreis von Empfängern …«

»Begrenzter jedenfalls, als es die möglichen Komplizen und Akteure des Manhattan-Attentats auf unserem Teppich sind.«

»Genau! Außerdem ist ein Teppich im Gegensatz zu den üblichen Trägermedien solcher Botschaften durchaus ein wertvolles Stück und wird gewöhnlich hergestellt, um bewahrt oder gar ausgestellt zu werden. Er stellt ja eher einen häuslichen oder persönlichen Gegenstand dar, einen Teil unseres Privatlebens.«

»Alles in allem könnte man also sagen: Wie die Symbole und Textelemente auf dem Teppich verschiedene Bedeutungen annehmen können, hat auch der Teppich selbst mehrere Funktionen. Die klassischen wären: ein Ereignis darzustellen, zu feiern oder daran zu erinnern. Vielleicht trifft ja alles davon zu.«

»Ich glaube schon, dass er diese Funktionen hat: Nehmen wir mal die Darstellung. Meiner Ansicht nach bringt der Teppich die Einwände der Muslime gegen den Machtmissbrauch im Irak zum Ausdruck und gegen das, was der Islam laut Osama bin Laden als massivste Aggression seit dem Tod des Propheten betrachtet: die Errichtung von amerikanischen Militärbasen in Saudi-Arabien. Die verschiedenen Botschaften auf dem Teppich verdeutlichen auch den Willen eines oder mehrerer Männer zu Vergeltungsmaßnahmen gegen diese mörderische strategische Maschinerie der Bush-Regierung, der Vereinten Nationen und ihrer Verbündeten gegen den Mittleren Osten und den Irak. Des Weiteren reklamiert der Teppich einen religiösen Hintergrund für die Operation, die er darstellt.«

»Was das Erinnern angeht, liegt der Fall schon weniger klar. Denn am 29. November 1990, dem letzten Datum auf dem Zeitpfeil, gab es zunächst einmal nichts zu gedenken. Umso weniger als die Aktion, die der Teppich darstellt, zunächst nur ein Plan war, sich also auf die Zukunft bezog«, ergänzt Roland.

Frédéric wirft ein: »Du vergisst, dass sich fünf Tage vorher der

Anschlag auf den Wagen von Bin Ladens Mentor, Abdallah Azzam, jährte. Dieser wurde am 24. November 1989 im pakistanischen Peshawar ausgeführt. Außerdem war 1990 das Jahr, in dem die Muslimbrüder ihren sechzigsten Jahrestag begingen. Dies nahm Aiman az-Zawahiri zum Anlass, um zwischen1991 und 1992 in Pakistan sein Buch *Die bittere Ernte* zu schreiben.«

»Und was wird dann gefeiert?«

»Ich glaube, dass vor dem Hintergrund der Ereignisse im Orient zwischen August und November 1990 und angesichts der Tatsache, dass afghanische Kriegsteppiche immer auch zu Propagandazwecken geschaffen wurden, der Teppich vielleicht einen Pakt besiegeln sollte, der mit dem Attentat zu tun hat.«

»Du glaubst also, der Teppich wurde zum Gedenken an dieses Bündnisversprechen für das geplante Attentat geschaffen?«

»Ja. Er feiert eine Allianz, die sich zu einem bestimmten Zweck zusammengefunden hat. Der Teppich sollte an dieses Ereignis erinnern.«

»Und er diente vielleicht außerdem dazu, militanten Kämpfern oder Sympathisanten das Projekt zu verdeutlichen, um sie zu größerem militärischen oder finanziellen Engagement zu bewegen.«

»Das erinnert mich an einen Satz von Osama bin Laden, den ich im Mai 1998 im Fernsehen gehört habe: ›Es sind die Amerikaner, die angefangen haben. Die Antwort und die Strafe richten sich immer streng nach dem Prinzip der Gegenseitigkeit.‹«

»Ah, das ist das Prinzip der Ischtar!«

Roland und ich schauen Frédéric fragend an. Der erklärt:

»Codiert übermittelt der Teppich doch die Geschichte einer Rache, die von einer unnachsichtigen Göttin genau zugemessen wird. Ischtar lebte nach ihrer babylonischen Zeit in der Gestalt von Königin Esther im gleichnamigen Buch der Bibel weiter. Diese brachte Haman und seine Söhne an den Galgen, der eigentlich für ihren Adoptivvater Mordechai errichtet worden war. Ischtar oder Esther, die Göttin des Wandels, macht seit Jahrtausenden Scharfrichter zu Opfern.«

Frédéric steht auf, tritt ans Regal und sucht dort nach dem *Dictionnaire de la civilisation mésopotamienne.* Er blättert ein wenig darin herum, dann: »Hier, ich hab's! Hier ist der Lobpreis auf Ischtar aus der Zeit von Nebukadnezar I., also etwa dem 12. Jahrhundert v. Chr.: ›Was weiß ist, mache ich schwarz, was schwarz ist, weiß [...] Ich bin ein Pflug mit scharfen Messern, der die Brust der Erde aufreißt, ein scharfer Pflug, der vorwärtsdrängt, ich, die Allerhöchste.‹«

Verträumt fügt er hinzu: »Umrahmt von den Sternen, die dieser gründlichen Nemesis gewidmet sind, beschreibt der blaue Teppich eine Aktion des Wandels, eine Spiegelung. Die wirtschaftliche Aggression hat den Widerstand, den sie hervorruft, ins Bildhafte verlängert: zwei symbolische Ziele und die Entweihung eines Heiligtums, die Zerstörung der Zwillingstürme des World Trade Centers als Vergeltungsmaßnahme gegen die Entweihung Saudi-Arabiens und seiner heiligen Orte.«

»Da stehen sich also zwei unversöhnliche Gegner und zwei Traumata gegenüber wie Spiegel über einem Abgrund.«

»Ja, und es geht noch weiter. Der Teppich ist der Ausgangspunkt für ein Desaster, einen Heiligen Krieg, der von einem anderen Desaster ausgelöst und in Art und Ausmaß auf dieses zugeschnitten wurde: der Strategie der Vereinigten Staaten und der Vereinten Nationen im zweiten Golfkrieg. Man darf ja nicht vergessen, dass im Irak 700 000 Kinder unter 15 Jahren und 800 000 Erwachsene sterben mussten aufgrund der Ambitionen, die George H. Bush am 11. September 1990 der Welt verkündete.«

»Die autoritäre Globalisierung sowie die Vorherrschaft der Vereinigten Staaten im Mittleren und Nahen Osten, vor allem im Irak, haben die geografischen, taktischen und symbolischen Ziele der einzelnen Fundamentalistengruppen auf jeden Fall verändert. Die Radikalisierung dieser Gruppen hat zu einem globalen Dschihad und zu ganz neuen fundamentalistischen Zellen geführt. Eine dieser Zellen hat die Auswirkungen der amerikanischen Sanktionen gegen den Irak aus dem Jahr 1990 vorhergesehen und daher zwischen 1990 und 1991 den Plan gefasst, die Supermacht auch symbolisch zu treffen.«

»Die Wahl des Zieles zeigt, dass auch eine andere Sache vorhergesehen wurde: der Punkt, an dem Amerika sein größtmögliches Trauma erleiden würde.«

Wir beschließen, eine Pause einzulegen. Erst später fahren wir erfrischt wieder fort.

»Dann stellen wir doch mal die Chronologie der Ereignisse fertig«, meint Frédéric. »Ihr erinnert euch doch sicher, dass Khalid Scheich Mohammed, der Chefplaner der al-Qaida-Anschläge, bei seinem Geständnis 2006 in Guantánamo einige Details zu den Anschlägen vom 11. September preisgegeben hat. So hat er zugegeben, dass er den Plan für einen Angriff auf die Zwillingstürme entworfen hat. Das Ganze nannte sich ›Operation Bojinka‹ und sollte 1994 stattfinden.«

»Operation Bojinka? Was war das?«

»Dabei sollten zwölf Flugzeuge mit Herkunfts- oder Bestimmungsort USA in der Luft explodieren. Osama bin Laden soll sich 1996 im afghanischen Tora Bora dagegen ausgesprochen haben, 1999 in Kandahar, also zwei Jahre vor den Anschlägen aufs World Trade Center, dann aber doch zugestimmt haben. Der neue Plan von 1996 hieß zunächst nur ›Operation Flugzeuge‹. Es sollten zehn Flugzeuge Verwendung finden, nicht mehr zwölf. Trotz des Geständnisses von Scheich Mohammed gehen Experten davon aus, dass die Anschläge vom 11. September nicht innerhalb von zwei Jahren geplant werden konnten. Der zweite zweifelhafte Punkt ist, dass Scheich Mohammed sich als Planer der Anschläge bezeichnet, während die Experten sie eher Aiman az-Zawahiri zurechnen.«

Frédéric fährt fort: »Die Idee, die Wahrzeichen der Vereinigten Staaten anzugreifen, ist vergleichsweise alt. Sie entstand spätestens 1990. Umgesetzt wurde sie im Februar 1993, als man im Keller des Nordturms eine Bombe zündete. Drei Jahre zuvor, am 9. November 1990, hatte das FBI Teile des Plans aufgedeckt, als man ein Haus in New Jersey durchsuchte. Dort hatte El Sayyid Nosair gelebt, den man des drei Tage zuvor erfolgten Attentats auf Rabbi Meir Kahane in Manhattan beschuldigte. In seinem Haus stellte man 49 Kartons mit Papieren sicher. Darunter befanden sich Texte von Abdallah Azzam, der von 1979 bis 1989 Mentor von Osama bin Laden war. In diesen Texten gibt es Aufzeichnungen zur Demoralisierung des Feindes durch Zerstörung der Wahrzeichen seiner Zivilisation. Und eine umfangreiche Dokumentation darüber, welche Gebäude infrage kommen könnten, zum Beispiel der Sitz der Vereinten Nationen oder der Lincoln- und der Holland-Tunnel in New York.«

»Abdal Hakim Murad, der mit dem Attentat von 1993 auf das World Trade Center zu tun hatte und 1995 auf den Philippinen verhaftet wurde, beschrieb eingehend, wie er und andere Männer aus Pakistan und dem Mittleren Osten fliegen gelernt hatten. Er hatte schon 1990 in San Antonio, in der Alfa-Tango-Flugschule, erste Flugstunden genommen. Das belegt unter anderem Nafeez Mossaddeq Ahmed in seinem Buch *La guerre contre la vérité*. Die angehenden Piloten aus dem Nahen und Mittleren Osten hatten also ihre Ausbildung schon vier Jahre vor der Operation Bojinka 1994 begonnen, folglich nachdem Abdallah Azzam spätestens 1989 erste symbolische Ziele in den Vereinigten Staaten ausgemacht hatte.«

»Das heißt also, dass die von Scheich Mohammed ersonnene Operation Bojinka keineswegs das erste geplante Attentat auf die Wahrzeichen der USA darstellte und der Anschlag vom 11. September auch nicht erst 1994 geplant worden ist. Es scheint früher schon ähnliche Projekte gegeben zu haben.«

»Ja, genau! Es können durchaus schon vier Jahre vor der Operation Bojinka vergleichbare Attentatspläne von Veteranen des afghanischen Dschihad oder anderen islamistischen Zellen existiert haben, die sich nach dem afghanischen Triumph über die sowjetische Besetzung im Umfeld des Bürgerkriegs und des zweiten Golfkriegs gebildet haben.«

»Dies umso mehr, als die einzelnen Zellen ja unabhängig voneinander operierten und über die jeweiligen Pläne nicht informiert waren. Man weiß ja, dass Abschottung für geheime Aktivitäten ein zentraler Schutzmechanismus ist.«

»Zumindest zählt das *Manchester Manual*, das 1990 erstellte Handbuch für den künftigen al-Quaida-Kämpfer, zu den Grundregeln terroristischer Aktivitäten.«

»Wäre noch hinzuzufügen, dass das Jahr 1990, in dem der Teppich entstand, in etwa auch die Zeit ist, in der die ausländischen Dschihadisten aus Arabien, dem Jemen, aus Ägypten, der Türkei, Kuwait und anderen Ländern, die sich dem Kampf der Afghanen angeschlossen hatten, eine neue Organisationsform suchten, in der sich der radikale Islamismus ausdrücken sollte. Dies war eine Übergangsphase, in der die Kämpfer der Muslimbrüder und der Salafisten sich gemeinsam unter der Flagge des globalen Dschihad versammelten. Von 1990 an mühten sich Osama bin Laden und Aiman az-Zawahiri, dem 1987 entworfenen Plan von Abdallah Azzam eine reale Basis zu geben, eine *qâ'ida*. 1990, ein Jahr nach dem Tod von Abdallah Azzam am 24. November 1989 in Peshawar, ergab sich die Gelegenheit, das Projekt zu verwirklichen. Das lag zum einen am Triumph der afghanischen Guerilla gegen die zweitstärkste Armee der Welt, zum anderen daran, dass man sich dabei auf den MAK stützen konnte, den Maktab al-Khidamat, das internationale Netz, das Abdallah Azzam und Bin Laden in den Achtzigerjahren ins Leben gerufen hatten, um Finanzmittel und freiwillige Kämpfer für den afghanischen Bürgerkrieg zu organisieren.«

»Ich habe einiges über den MAK gelesen. Er soll schon 1984 von Abdallah Azzam und Osama bin Laden gegründet worden sein und 200 Millionen Dollar für den afghanischen Widerstand gesammelt haben.«

»Und was hat das nun mit unserem Zeitpfeil zu tun?«

»Wenn man Bin Ladens *Letter to the American People* vom 24. November 1992 liest, seine Dschihad-Erklärung vom 23. August 1996 und seine Fatwa vom 23. Februar 1998 und dazu noch die Geständnisse von Khalid Scheich Mohammed aus den Jahren 2006 und 2007 nimmt, kann man, glaube ich, sagen, dass ein Großteil der Ereignisse, die sie als Rechtfertigung für das Attentat vom 11. September anführen, zwischen August 1990 und Anfang 1991 stattgefunden hat.«

»Da war zunächst der zweite Golfkrieg zwischen dem Irak und Kuwait vom 2. August 1990 bis zum 3. März 1991. Kuwait wurde dabei von einer westlichen und arabisch-muslimischen Koalition um George H. Bush unterstützt. Dieser neue Krieg im Mittleren Osten hatte dem al-Qaida-Netzwerk in zweifacher Hinsicht entscheidende Anstöße geliefert, die beide ins Jahr 1990 fallen. Die Gesamtheit der von Bin Laden und Scheich Mohammed als Begründung genannten Vorfälle deckt einen Zeitraum von etwa dreißig Jahren ab. Doch mit zweien der 1990 stattgefundenen Ereignisse rechtfertigten sie konkret ihren Kampf gegen die Vereinigten Staaten und die Anschläge vom 11. September.«

»Ja, das war zum einen die mit Zustimmung von König Fahd erfolgte Einrichtung von Militärbasen in Saudi-Arabien nach dem 7. August 1990. Dies galt den Muslimen als Entweihung ihres Heiligen Landes, in dem die sakrosankten Orte der muslimischen Gemeinde, Mekka und Medina, liegen. Und ein Teil der Umma hatte dem auch noch zugestimmt.«

»Das zweite Motiv ist der Völkermord, der durch das beschlossene Embargo am irakischen Volk begangen wurde. Amerika habe die Vereinten Nationen instrumentalisiert und eine Aktion, die Saddam Hussein in seine Grenzen weisen sollte, genutzt, um den Irak zu plündern und amerikanische Militärbasen auf der gesamten arabischen Halbinsel zu errichten. Die mittelfristigen Folgen für den Irak erwiesen sich als mörderische Katastrophe.«

»Ja, das stimmt. Im Juni 2001 reichte die parlamentarische Freundschaftsgruppe Frankreich-Irak einen Bericht über die Situation im Irak ein. Darin wurde für das vollkommen inakzeptable humanitäre Desaster der Begriff ›Völkermord‹ verwendet. Drei Jahre davor, im Oktober 1998, war Denis Halliday, der Koordinator für humanitäre Hilfen der UNO, zurückgetreten, um die Öffentlichkeit auf die Folgen der von den USA und der UNO gegen den Irak verhängten Sanktionen hinzuweisen. Im Jahr 2000 wurde er dafür für den Friedensnobelpreis nominiert. 2002 sprach er in London über die Sanktionen gegen das irakische Volk: ›Eine einzige Supermacht ist stets gefährlich. Dass diese sich der internationalen Gesetzgebung entzieht, zeugt gleichzeitig von Hochmut und Verantwortungslosigkeit.‹ Der Nachfolger Hallidays bei den Vereinten Nationen, Hans von Sponeck, trat 1999 ebenfalls zurück, weil er nicht zum Komplizen der Vorgänge im Irak werden wollte. Er fügte den Vorwürfen Hallidays noch den des intellektuellen Völkermords an der irakischen Jugend hinzu.«

Ich stehe auf und hole meine Notizen vom Schreibtisch. Daraus lese ich vor: »Nach dem 7. August 1990 wurden 4000 amerikanische Soldaten in die Basis von Dharan, im Nordosten Saudi-Arabiens, am Persischen Golf entsandt. Zwischen August und November 1990 stieg die Zahl der amerikanischen Soldaten auf 100 000, nach dem Beschluss von George H. Bush vom 8. November 1990 auf 300 000. Bin Laden erklärte am 23. August 1996, dass dies die letzte und schwerwiegendste Aggression gegen die Muslime seit dem Tod des Propheten sei. Diese Maßnahmen führten zu einem Riss durch die Gemeinde der Muslime, einer Fitna. Diese Spaltung im Herzen der Umma wiederum rief zahlreiche politische Bewegungen der Muslime gegen die Manöver der Vereinigten Staaten im Orient und gegen die muslimischen Verräterstaaten, die sich mit den USA gegen den Irak verbündet hatten, auf den Plan. Die Ulemas, die islamischen Religionsgelehrten, und die verschiedenen fundamentalistischen Gruppen unterschieden von da an zwischen den Feinden des Islam: Da waren die ›nahen Feinde‹ – Fahd, Mubarak, Hafez Al-Assad, Gaddafi und andere – und die ›fernen Feinde‹ – die Vereinigten Staaten, die Kreuzzugritter und die christlichen Zionisten. Die ›Landung‹ in Saudi-Arabien hatte den Analysen des 11. September zufolge noch eine weitere Konsequenz: die Rückkehr Bin Ladens. Das heißt: den Gesinnungswandel Bin Ladens, der ihn zum Feind von König Fahd und der Vereinigten Staaten machte. Deshalb wurde Osama bin Laden unter Hausarrest gestellt, bevor er 1991 nach Afghanistan ausreisen durfte.«

»Sowohl Bin Laden als auch Scheich Mohammed führten den 11. September zurück auf die Hunderttausende von irakischen Kindern, deren Tod durch die strikte Durchsetzung des Embargos sowie die gezielten Militärschläge der amerikanischen Luftwaffe und die Sanktionen der UNO verursacht wurde. 1,5 Millionen Opfer in 10 Jahren.«

Ich öffne Gilles Kepels Buch *Die neuen Kreuzzüge*. An einer von mir markierten Stelle heißt es, die amerikanische Militärintervention sei für die Islamisten zur Brille geworden, durch die sie den gesamten Nahostkonflikt betrachtet hätten. Seit November 1990 habe sich die Islamistenbewegung, die im Krieg gegen Saddam ein amerikanisch-israelisches Komplott zur Beherrschung des Mittleren Ostens sah, gegen die saudi-arabische Monarchie gewandt.

»Ja, Bin Laden und Scheich Mohammed haben wie andere das Drama des Irak mit dem in Palästina gleichgesetzt. Deshalb radikalisierten sich zwischen August 1990, dem Beginn des Golfkrieges, und November 1990, also innerhalb von vier Monaten, die ausländischen Guerillakämpfer des afghanischen Dschihad, die Veteranen der Islamischen Legion in Afghanistan, sehr viel stärker als die Umma im Allgemeinen.«

Ich blättere um und lese weiter, was Gilles Kepel über die Dschihadisten jener Zeit schreibt: Die internationale Brigade aus Dschihad-Kämpfern nahm nun eine völlig neue Dimension an: Sie entzog sich jeglicher Kontrolle durch den Staat und ließ sich für die verschiedensten radikal-islamistischen Vorhaben in aller Welt einsetzen.

»Ich sehe noch ein anderes Schlüsselereignis vor dem 11. September. Es fand am 4. Februar 1991 im saudi-arabischen Dschidda statt und war das erste Attentat der neuen Fraktion. Zumindest schreibt das Alain Chouet, französischer Geheimdienstoffizier und Experte für islamistische Strömungen seit 1970 und seit 1989 für al-Quaida. Von 2000 bis 2002 war er Chef des französischen Auslandsnachrichtendienstes DGSE.«

Wieder erhebe ich mich, stöbere in meinem Bücherregal und fördere ein neues Buch zutage.

»Ich lese euch mal eine Passage aus seinem Buch *Au cœur des services spéciaux. Le terrorisms ›islamiste‹* vor. Die Anführungszeichen bei ›islamiste‹ stammen übrigens nicht von mir. Danach hätte der eigentliche Dschihad in großem Ausmaß erst 1991 begonnen: Er entstand am Ende der Operation Wüstensturm [am 3. März 1991]. Doch diese Kriegserklärung kam nicht über Nacht. Ihr gingen eine Reihe von ›schwachen Signalen‹ voraus, wie die Experten das nennen, auch wenn sie gar nicht so schwach waren.«

»Da Alain Chouet die Anführungszeichen nicht erklärt, mache ich das. Ich stütze mich dabei auf eine seiner Erklärungen, die er an anderer Stelle veröffentlicht hat. Ganz wörtlich genommen gibt es den ›Islamismus‹ nicht. Er ist weder ein Dogma noch eine politische Theorie, auch kein Regelwerk wie zum Beispiel die Scharia. Der ›Islamismus‹ ist eine politische Instrumentalisierung des Islam. Er hat keine genau umrissene Form. Nimmt man ihn wörtlich, so handelt es sich um einen sehr vagen Begriff, wenn er nicht durch andere Wörter, Adjektive zum Beispiel, erläutert wird wie in ›radikaler Islamismus‹.«

»Ja, aber wie lässt sich deine Interpretation jetzt bestätigen?«

»Alain Chouet zeigt die verschiedenen Facetten seiner Analyse auf, indem er acht Attentate nennt: eine Reihe von sechs Anschlägen, gefolgt von zwei weiteren, deren Endpunkt die Attentate vom 11. September sind: Dschidda in Saudi-Arabien am 4. Februar 1991; Dschubail in Saudi-Arabien am 28. März 1991; World Trade Center in New York am 23. Februar 1993; Riad in Saudi-Arabien am 13. November 1995; Khobar in Saudi-Arabien am 25. Juni 1996; Nairobi in Kenia und Daressalam in Tansania am 7. August 1998; Anschlag auf die USS Cole im jemenitischen Aden am 12. Oktober 2000; und schließlich erneut das World Trade Center in New York am 11. September 2001.«

»Wichtig ist also, dass der 11. September keineswegs der Anfang, sondern das Ende einer Offensive ist, die zehn Jahre früher begonnen hat.«

»Genau! Und diese zehn Jahre beginnen eben in der Zeit um 1990/1991, als unser Teppich hergestellt wurde. März 1991 könnte also mit dem Punkt zusammenfallen, den Gilles Kepel als Endpunkt der Radikalisierung und Wandlung der fundamentalistischen Strömungen sieht, die im November 1990 ihren Anfang nahmen.«

»Es ginge also um ebendiese fünf Monate?«

»Ja, in diesen fünf Monaten vom November 1990 bis zum März 1991 schlossen sich mehrere fundamentalistische Gruppen und ehemalige Kämpfer des afghanischen Dschihad zusammen und bildeten so eine neue Form des radikalen Islamismus unter der Flagge al-Qaidas heraus. Verlängert man die Achse zwischen diesen beiden Stichtagen in die Vergangenheit, wie es die für den 11. September angegebenen Motive nahelegen, kommen wir zur religiösen Präambel des Ganzen: der Entweihung des Landes der beiden heiligen Orte am 7. August 1990 durch die Errichtung amerikanischer Militärbasen in Saudi-Arabien.«

»Wir schließen also, dass die drei Daten, die für die Entstehung des Teppichs eine Bedeutung haben, die folgenden sind: der 7. August 1990, der 29. November 1990 und Ende März 1991. Das wären acht Monate zwischen 1990 und 1991. Diese drei Daten spielen in den figürlichen, narrativen und numerischen Codes des Teppichs eine tragende Rolle.«

»Das ergäbe also 115 Tage zwischen dem ersten und dem letzten angegebenen Punkt.«

»Ja, aber in welcher Zeit? UTC vielleicht, koordinierte Weltzeit? Das Ultimatum der Resolution 678 lief ja auch um Mitternacht des 19. November, New Yorker Zeit, ab.«

»Mag sein. Aber vielleicht haben die Schöpfer des blauen Teppichs die Weltzeit von 1972 auch vollkommen abgelehnt, wie sie die römischen Zahlen ablehnten und für ihre Textbänder kein Englisch benutzten, im Gegensatz zu den anderen Kriegsteppichen. Wenn sie ihre kulturelle Identität betonen und sich von der angelsächsischen Kultur absetzen wollten, haben sie vermutlich Mekka als Referenz für die Zeitmessung genommen. Ähnlich wie der Zeitpunkt für bestimmte religiöse Feste von den Himmelsbeobachtungen in Mekka abhängt und nicht in Manhattan.«

»In diesem Fall würde die Zeit zwischen dem ersten und dem letzten Punkt auf dem Zeitpfeil 114 Tage, 22 Stunden und 30 Minuten ausmachen, Kabuler Zeit, denn die Sonne geht in Afghanistan eineinhalb Stunden früher auf als in Mekka. Auf 114 abgerundet ergibt sich damit die Anzahl der Suren im Koran und die Größe des Teppichs in Quadratdezimetern.«

»Genau 114!«, ruft Roland verblüfft. »Und was schließt du daraus?«

»Da der Kampf der Dschihadisten auf die Wiederherstellung der göttlichen Ordnung abzielt und diese sich für die mystisch Begabten in den Objekten der Wirklichkeit ausdrückt, die sie zeichenhaft kundtun, sind diese 114 Tage, über die sich der Zeitpfeil erstreckt, möglicherweise kein Zufall, sondern ein neues Symbol.«

»Auf den ersten Blick erscheint mir das recht ungewöhnlich, andererseits hängt ja alles davon ab, wie Empfänger und Absender des Teppichs 1990 diesen Zufall bewerteten und ob sie ihn auf Anhieb erkannten.«

»Der Teppich könnte allerdings durchaus eine weissagende Bedeutung besitzen, die in der Konzeption wie in der Darstellung des Vorhabens zum Ausdruck kommt und die der ideologischen Dimension des Werkes keineswegs widerspricht. Dazu muss man wissen, dass einige der afghanischen Kämpfer in den Achtzigerjahren überzeugt waren, sie zögen gegen die verfluchten Völker von Gog und Magog zu Felde, die im Koran Yadschusch und Madschusch genannt werden. Diese fallen von Norden her in Chorassan ein, der mythischen islamischen Welt, die man traditionell im Osten des Irans und in Afghanistan ansiedelt. Die russischen Soldaten aber kamen aus Usbekistan im Norden Afghanistans und überschritten damit die Grenze zur islamischen Welt. Daher wurden sie von bestimmten fundamentalistischen Gruppen mit den Völkern von Gog und Magog identifiziert. Damit wurde die sowjetische Invasion zum Zeichen für den Beginn der islamischen Apokalypse.«

»Hmmm«, murmelt Roland. »Ich glaube aber nicht, dass die Überzeugungen, die sich in unserem blauen Teppich ausdrücken, auf die apokalyptische Lehre von dem tausendjährigen Reich jener Zeit zurückgehen. Schließlich ist der *Hidschra*-Kalender ein Mondkalender, das heißt, die Zeitenwende fällt nicht ins Jahr 2000 wie beim Sonnenkalender. Außerdem wäre die Zahl 666 und die Art, in der sie auf dem Teppich dargestellt ist, also durch ein numerologisches Zahlenspiel, wie es für mystische Traditionen im Judentum und Islam typisch ist, dann ja recht doppeldeutig.«

»Aber die sechs ›Auslöser‹ für die Anschläge haben fünf Koransuren als Begleiter: 9, 40, 47, 60 und 96.«

»Der Teppich hat also sowohl eine allegorische als auch eine funktionale Bedeutung. Seine allegorische Ebene bezeichnet ein kollektives Trauma, das als Vergeltungsmaßnahme für ein anderes kollektives Trauma gelten kann.«

»Vielleicht hat ja auch der Nordturm als Attentatsziel eine besondere allegorische Bedeutung?«

»Ja, tatsächlich. Immerhin fällt auf, dass stets der Nordturm zum Ziel genommen wurde. Schon beim ersten Attentat auf die Zwillingstürme in Manhattan und auch am 11. September flog das erste Flugzeug in den Nordturm. Außerdem steht auch auf unserem Teppich der Nordturm im Vordergrund.«

»Und die funktionale Bedeutung?«

»Dabei geht es um die Eckdaten für das Attentat auf das World Trade Center, die für die Logistik des Anschlags von Bedeutung sind: wo, was, wie, warum, in wessen Namen und vielleicht auch noch wann – sofern die Festsetzung des genauen Datums nicht Teil der zweiten Phase der Planung war, die einer logistischen Zelle oblag, die andere Aufgaben hatte als jene, die das Konzept entwarf und den blauen Teppich mit seinen strategischen Überlegungen in Umlauf brachte. Die beiden übrigen am Attentat beteiligten Planungszellen kümmern sich um die konkrete Umsetzung und die Zeit danach.«

»Na, da haben wir's doch! Wir sind fertig.«

Nachdem ich meinen Freunden für ihre Hilfe gedankt habe, mache ich mich daran, meine Ideen noch einmal zu ordnen. Es handelt sich bei dem blauen Teppich um einen Kriegs- und Propagandateppich aus Afghanistan. Datum und Herkunft wurden durch drei voneinander unabhängige Gutachten (Anhang 2, 3 und 4) bestätigt. Der Teppich enthält verschiedene Arten von Botschaften und beschreibt einen Angriff auf den Nordturm des World

Trade Centers, elf Jahre vor dem ersten Angriff im September 2001. 1991 sozusagen auf Abwege geraten, bezeichnet er mithilfe unterschiedlicher grafischer Mittel Sachverhalte, die elf Jahre vor den Anschlägen auf die Zwillingstürme für einen Normalsterblichen nicht zu erkennen waren. Der Teppich mit seinen codierten Botschaften entstand zwischen November 1990 und März 1991. Also in ebenjener Zeit, in der die ausländischen Afghanistan-Kämpfer sich zusammentaten, um al-Qaida zu gründen und einen neuen Dschihad zu entfesseln. Dass ein afghanischer Kriegsteppich codierte Botschaften transportiert, mag auf den ersten Blick ungewöhnlich erscheinen, doch die Nutzung des Kommunikationsmittels Teppich ist schon vom afghanischen Opiumhandel her bekannt. Jedenfalls haben die Geschichte des Teppichs und die des 11. September ihre Wurzeln in derselben Zeit, in derselben Region und im selben ideologischen Milieu.

Ohne die Hilfe des Zufalls und die einer umfangreichen Dokumentation wäre die Entschlüsselung des Teppichs unmöglich gewesen. Hier ist sicher von Interesse, dass al-Qaida auch andere archaische Kommunikationstechniken nutzte. Die vier Schriftzüge auf dem Teppich stehen für die in Manhattan zerstörten Zwillingstürme und ihre Spiegelung im East River.

Ein genaues Studium des Teppichs ergab, dass sein oder seine Schöpfer ein Codierungsprinzip anwandten, das vor 2500 Jahren in Persien entstanden ist. Der Inhalt der verschlüsselten Botschaften macht verständlich, weshalb ein Kommunikationsmittel gewählt wurde, wie es für Geheimbotschaften verwendet wird. Es geht in diesen Botschaften um die politischen Beweggründe aus dem Jahr 1990, die zur Rechtfertigung der Attentate auf den Nordturm des World Trade Centers herangezogen wurden. Instrument des Anschlags sollten zwei Linienflugzeuge sein, die zu einer Flotte von zehn Flugzeugen gehörten. Neben den sechs politischen Motiven präsentiert der Teppich fünf Koransuren, die dem Attentat eine mystische Dimension und den Charakter eines religiösen Gebots verleihen sollen.

Der blaue Teppich: alle Informationen auf einen Blick

Bezeichnung: der blaue Teppich

Art: afghanischer Kriegs- und Propagandateppich (siehe Anhang 1 und 3)

Kategorie: moderne Stadtansicht

Größe: 133 Zentimeter lang und 86 Zentimeter breit

Das ergibt eine Fläche von 114,38 Quadratdezimeter. Abgerundet auf die ganze Zahl 114 entspricht dieser Wert der Anzahl der Suren im Koran sowie der Anzahl der Säulen der al-Aqsa-Moschee.

Material: Kette, Schuss und Flor aus Wolle, Webkante aus Ziegenhaar

Beschaffenheit: geknüpfter Teppich nach Nomadenart, Senneh-Knoten, Fransen auf Kelim-Art

Herstellungsland: höchstwahrscheinlich Afghanistan oder Pakistan

Herstellungsregion: Südosten Afghanistans, afghanisches Belutschistan zwischen Kandahar und Quetta, an der Grenze von Afghanistan zu Pakistan; alternativ in einem der Flüchtlingslager, die es 1990 in Pakistan noch gab. Natürlich könnte strenggenommen auch eine andere Region infrage kommen, da die nomadischen Teppichknüpfer den Ort wechselten und ihre Ausrüstung mitnahmen.

Chronologie

Entstehungsjahr wie auf dem Teppich angegeben: 1369. Dies ist ein Jahr des afghanischen Kalenders, das vom 21. März 1990 bis zum 21. März 1991 dauert (siehe Anhang 3 und 4).

Angenommenes Entwurfs- und Herstellungsdatum: zwischen November 1990 und Mai 1991

Umstände der Herstellung: Ausbruch des afghanischen Bürgerkriegs nach dem Abzug der sowjetischen Truppen aus Afghanistan am 15. Februar 1989 und – vor allem – Ausbruch des zweiten Golfkriegs zwischen Kuwait und Irak, der vom 2. August 1990 bis zum 3. März 1991 dauerte

Kaufdatum: Ende Mai 1990

Ort des Kaufes: Paris, Europa

Inhalt

Offenkundiges Bildmotiv: Der Teppich zeigt das berühmte Panorama von New York mit der Brooklyn Bridge vor dem Südosten Manhattans und den Zwillingstürmen: die Skyline von Manhattan aus dem Jahr 1990, von Brooklyn aus gesehen. Die auf dem Teppich dargestellte Perspektive entspricht einem Foto, das vom Hubschrauber aus aufgenommen wurde, und zwar auf der Höhe der Empire Stores, der alten Docks und Lagerhallen von Brooklyn, die später in eine öffentliche Parkanlage umgewandelt wurden: den Empire Fulton Ferry State Park.

Details des Attentatsplanes (durch grafische Stilmittel verdeutlicht): Brand des Nordturmes des World Trade Centers, der hinter einer Rauchwolke verschwindet (auf dem Teppich durch einen weißen Schriftzug dargestellt). Das Stilmittel der Simultandarstellung zeigt zwei von den restlichen Flugzeugen der Zehnergruppe durch ein quadratisches Wappen unterschiedene Flugzeuge, die sich den Zwillingstürmen nähern.

Der Südturm, ebenfalls durch einen Schriftzug dargestellt, ist noch intakt. Zwei arabisch-persische Schriftzüge spiegeln die Auswirkungen des Angriffs auf den Nordturm im East River wider.

Erzählte Begebenheit und Übersetzung der wichtigsten Symbole: Das weiße Kreuz und das weiße Shin stehen im Kontext gelesen vermutlich für das Gedankengut des Zionismus und des Christentums. Vor dem Hintergrund der für die Schriftzüge verwendeten Sprache sowie des symbolischen Gehalts der angegebenen Motive und der zitierten Suren könnte man das weiße Zeichen, das vordergründig als Shin gelesen werden kann, auch als Tashdid interpretieren, das Zeichen, das die Konsonanten in den Worten »Allah« und »Mohammed« verstärkt, also als Zeichen für Gott und seinen Propheten.

Sechs Ereignisse aus dem Jahr 1990, die als Rechtfertigung für das Attentat genommen werden:

7. August: Errichtung amerikanischer Militärbasen in Saudi-Arabien, die größtmögliche Entweihung
25. August: Resolution 665 der Vereinten Nationen
9. September: Treffen in Helsinki
11. September: Rede von George H. Bush vor dem Kapitol
13. September: Resolution 666 der Vereinten Nationen
29. November: Resolution 678 der Vereinten Nationen

Fünf Koransuren, die in verschiedenen Semagrammen visualisiert werden:

9, 40, 47, 60 und 96

Anhang

Anhang 1: **Gutachten der Galerie Norbert**

Gutachten

Wir, die Unterzeichneten, namentlich die Galerie d'Astorg-Norbert, Händler für Orientteppiche, in der Rue d'Astorg in Toulouse (31000), bestätigen hiermit, dass der im Besitz von Herrn Jean-Charles Wall befindliche Teppich wie folgt beschaffen ist:

ein Teppich aus Zentralasien, genauer gesagt aus dem afghanischen Belutschistan, mit graublauem Grund und zahlreichen naiv geometrischen, polychromen figürlichen Darstellungen. Die Bordüre ist mit stilisierten Blumen geschmückt. Es handelt sich um einen Velourssteppich aus Wolle, Kette und Schuss sind ebenfalls aus Wolle. Größe: etwa 132x86 Zentimeter.

Toulouse, 23. Mai 2011

Sachverständige für Orientteppiche am Berufungsgericht in Toulouse, Sachverständige für die *Fédération d'Experts Spécialisés en Art*, Gutachter für die Kommission für Zollstreitigkeiten.
Gutachten – Verkauf – Kauf – Austausch – Teppich – Tapisserien – alt und modern – Restaurierung – Reinigung

Anhang 2:
Gutachten des Labors CIRAM*

CIRAM, ein Analyselabor in Pessac, hat im Februar/März 2013 eine Analyse an dem afghanischen Teppich von Herrn Jean-Charles Wall vorgenommen. Dabei wurden eine Datierung mithilfe der Radiokarbonmethode und eine Massenspektrometrie durchgeführt.

Das Resultat zeigt, dass die Wolle, aus der der Teppich gefertigt ist, jüngeren Datums ist und mit einer Wahrscheinlichkeit von 91,2 Prozent aus den Jahren 1989 bis 1991 stammt.

* CIRAM ist ein Labor, das sich auf die Analyse von Kunstgegenständen spezialisiert hat. In ihrer mehr als zehnjährigen Tätigkeit haben die Forscher dort mehr als 5000 Objekte analysiert. Die Analysen werden von promovierten Wissenschaftlern mit aller gebotenen Genauigkeit durchgeführt.

Analysebericht
0213-0A-43B

CIRAM bestätigt, an der Probe P1, die dem unten dargestellten Objekt Nr. 0213-0A-43B entnommen wurde, eine Radiokarbondatierung vorgenommen zu haben.

<u>Beschreibung des Objekts:</u>
Typ und Material: Wollteppich*
Herkunft und angenommene Datierung: Afghanistan, 1990–1991**
Maße: Höhe – 86 Zentimeter; Breite – 133 Zentimeter

<u>Probe</u>***
P1 vom unteren rechten Rand

<u>Zusammenfassung der Analyseresultate:</u>
Die Probe P1 wurde mit der Radiokarbonmethode und einer Massenspektrometrie untersucht.
Datierung: modern (nach 1954)

Das Resultat zeigt, dass die für den Teppich benutzte Wolle jüngeren Datums ist und vermutlich aus der zweiten Hälfte des 20. Jahrhunderts stammt.***

Dr. Armel Bouvier für CIRAM
Pessac, 12. März 2013

---

* Der Eigner versicherte dies.
** Der Eigner versicherte dies.
*** Die Probe wurde von CIRAM entnommen.
**** Die Schlussfolgerung des Labors beruht auf der Entnahme einer Probe, die für den gesamten Teppich als repräsentativ gelten kann. Man beachte, dass die Datierung sich auf das Material des Teppichs bezieht, nicht auf seine Fertigung.

Entnahme der Probe

Die Probe wurde von CIRAM entnommen.
Die Menge des Materials (einige Zehntel Milligramm) ist ausreichend für die vorzunehmenden Analysen.

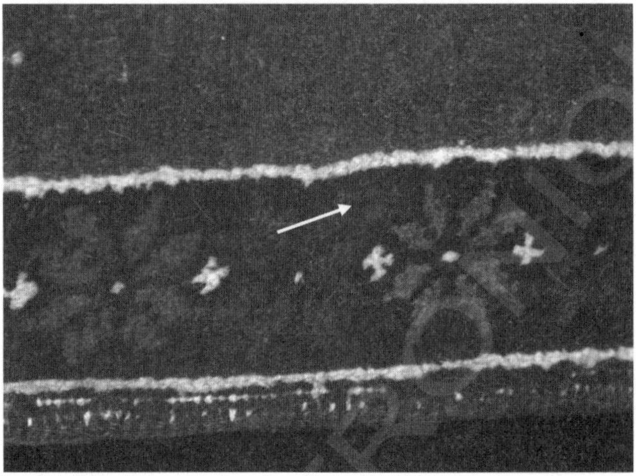

Probe P1: wurde am unteren rechten Rand entnommen (Pfeil)

Resultate

Nach Reinigung der Probe und Extraktion des Kohlendioxids werden die verschiedenen Kohlenstoffisotope durch Massenspektrometrie getrennt. Dann wird die Konzentration von ^{14}C gemessen, indem man die Werte der ^{14}C-, ^{13}C- und ^{12}C-Isotopen mit denen in Referenzstoffen vergleicht (Oxalsäure, Kohlendioxid, Kohle).
Das konventionelle Alter von ^{14}C wird nach der von Stuiver und Polach (in: *Radiocarbon 19/3,* 1977, 355) beschriebenen Methode errechnet. Dabei wird das Verhältnis von ^{13}C, ^{12}C und ^{14}C verglichen und um die Isotopendifferenz (δ ^{13}C) bereinigt.
Die Standardabweichung (σ) ergibt sich aus folgenden Faktoren: statistische Fehler bei der Zählung der ^{14}C-Isotope, Messungenauigkeit und Effekte des »Rauschens«.

Die Intervalle der Datierung wurden wie heute üblich festgelegt:

Oxcal v4.1.7 (Bronk Ramsey, 2010, *Radiocarbon*, im Druck)
NH1-Kurve nach den Atomversuchen (Hua und Barbetti, 2004, *Radiocarbon*, Bd. 46, Nr. 3, 1273–1298)
NH2-Kurve nach den Atomversuchen (Hua und Barbetti, 2004, *Radiocarbon*, Bd. 46, Nr. 3, 1273–1298)
NH3-Kurve nach den Atomversuchen (Hua und Barbetti, 2004, *Radiocarbon*, Bd. 46, Nr. 3, 1273–1298)
SH-Kurve nach den Atomversuchen (Hua und Barbetti, 2004, *Radiocarbon*, Bd. 46, Nr. 3, 1273–1298)

Diese chronologischen Intervalle wurden durch mathematische Interpretation der physikalischen Messdaten festgelegt. Die angegebenen Wahrscheinlichkeiten sind daher mit Vorsicht zu betrachten.
Die Probenahme ergab eine ausreichende Menge von Kohlenstoff, sodass in der Massenspektrometrie ein Signal von ausreichender Intensität erreicht wurde. Die Isotopendifferenz (δ ^{13}C) nähert sich den üblicherweise gemessenen Durchschnittswerten. Die Resultate sind also verlässlich.

Herausgefiltert	Korrigierter PMC-Wert (percent Modern Carbon)	Konventionelles ^{14}C-Alter	$\delta\ ^{13}C$ (in Promille)
Holz, Alkalireste	116,13 ± 0,34	> 1954 n. Chr.	– 23,2

- **Kalibrierung NH2 (mittlerer Teil der nördlichen Hemisphäre, zu der Afghanistan gehört)**

2 Sigma (Wahrscheinlichkeit 95,4 %)	cal AD	1958–1959	(Wahrscheinlichkeit von 2,9 %)
	cal AD	1987–1988	(Wahrscheinlichkeit von 1,3 %)
	cal AD	1989–1991	(Wahrscheinlichkeit von 91,2 %)

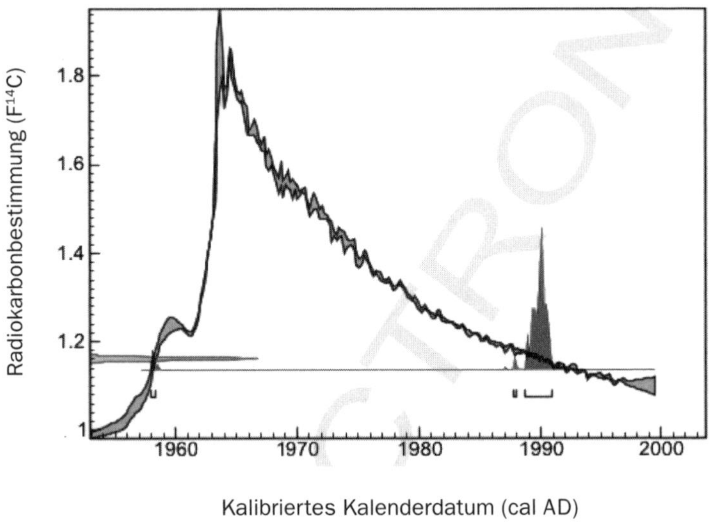

- **Kalibrierung NH1 (nördlicher Teil der nördlichen Hemisphäre)**

2 Sigma (Wahrscheinlichkeit 95,4 %)	cal AD	1958–1959	(Wahrscheinlichkeit von 2,9 %)
	cal AD	1987–1988	(Wahrscheinlichkeit von 1,3 %)
	cal AD	1989–1991	(Wahrscheinlichkeit von 81,1 %)
	cal AD	1991–1992	(Wahrscheinlichkeit von 0,7 %)

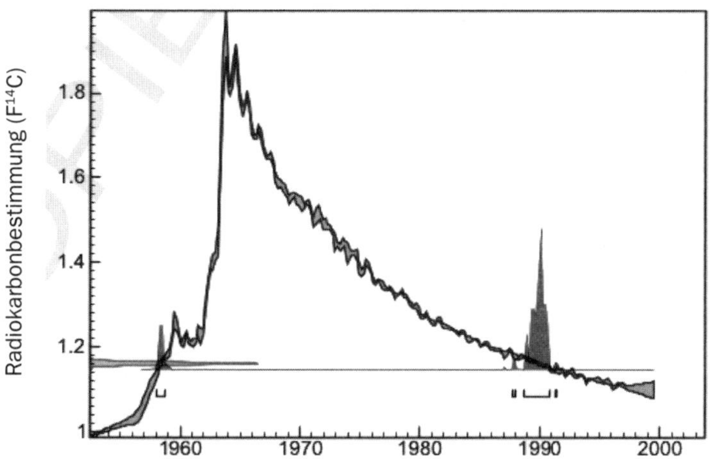

Kalibriertes Kalenderdatum (cal AD)

- **Kalibrierung NH3 (südlicher Teil der nördlichen Hemisphäre)**

2 Sigma (Wahrscheinlichkeit 95,4 %)	cal AD	1958–1959	(Wahrscheinlichkeit von 4,6 %)
	cal AD	1989–1991	(Wahrscheinlichkeit von 90,8 %)

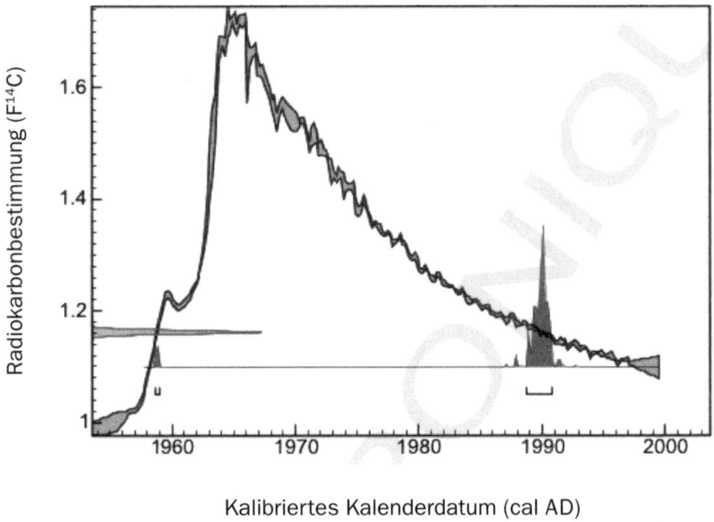

- **Kalibrierung SH (südliche Hemisphäre)**

2 Sigma (Wahrscheinlichkeit 95,4 %)	cal AD	1958–1959	(Wahrscheinlichkeit von 5,3 %)
	cal AD	1960–1961	(Wahrscheinlichkeit von 1,1 %)
	cal AD	1988–1989	(Wahrscheinlichkeit von 9,8 %)
	cal AD	1989–1992	(Wahrscheinlichkeit von 76,5 %)
	cal AD	1992–1993	(Wahrscheinlichkeit von 2,8 %)

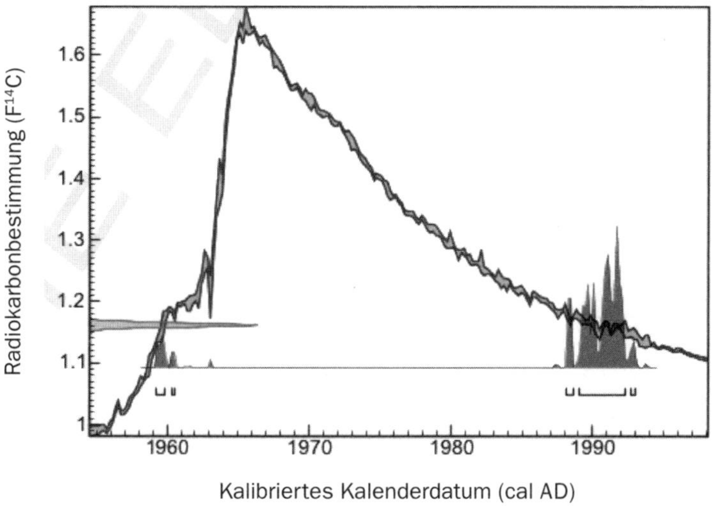

Anmerkung: Für jede ^{14}C-Messung an einem Objekt des 20. Jahrhunderts gibt es zwei Gruppen von Datierungen. Das liegt an den Effekten der Atomversuche von 1954 bis 1963, die ein erhebliches Ansteigen der radioaktiven Isotope in der Atmosphäre zur Folge hatten. Die Beendigung dieser Versuche 1963 führte zur Rückkehr zu normalen Konzentrationen von ^{14}C. Dies erklärt, warum eine Messung von ^{14}C zwei verschiedene Daten ergibt, deren »Symmetrieachse« das Jahr 1963 ist.

Die Grundlagen der Radiokarbondatierung

Die Radiokarbondatierung beruht auf der Messung der Strahlung des radioaktiven ^{14}C-Isotops, das in allen organischen Materialien vorhanden ist. Sie erlaubt die Bestimmung der Zeit, die vergangen ist, seitdem der zu datierende Organismus abgestorben ist (zum Beispiel durch das Schlagen eines Baumes).

Geschichte

Gegen Ende der Vierzigerjahre versuchten Wissenschaftler in den Vereinigten Staaten, die Eigenschaften der natürlichen Radioaktivität von ^{14}C zur Datierung organischer Materialien zu nutzen. [1] In den Fünfzigerjahren führte Willard Frank Libby mehrere Experimente an ägyptischen Proben durch, die von Erfolg gekrönt waren und ihm für die Entwicklung der Methode 1960 den Nobelpreis für Chemie einbrachten. [2–3] Seitdem haben sich die Messtechniken weiterentwickelt und sind genauer geworden. Das ursprüngliche Prinzip wurde verändert und führte zur Erarbeitung von »Kalibrierungskurven«, mit deren Hilfe die Resultate eingeordnet werden können. Diese beruhen auf dem Vergleich mit den Daten anderer Messmethoden (der Dendrochronologie zum Beispiel). [4]

Prinzip

^{14}C ist ein radioaktives Isotop des Kohlenstoffs, dessen Halbwertszeit bei 5730 Jahren liegt. Ein lebender Organismus nimmt Kohlenstoff auf, ohne Unterschiede zwischen den verschiedenen Isotopen zu machen. Daher ist das Verhältnis von ^{14}C zum Gesamtkohlenstoff (^{12}C, ^{13}C, ^{14}C) dasselbe wie in der Atmosphäre zum nämlichen Zeitpunkt.
Die Radiokarbondatierung gründet sich also auf die Tatsache, dass in jedem lebenden Organismus eine winzige Menge Radiokarbon vorhanden ist. (Das Verhältnis von ^{14}C zu Gesamt-C liegt bei 10^{-12}.) Von dem Moment an, in dem der lebende Organismus abstirbt und den Austausch mit der Umwelt einstellt, nimmt die Menge des Radiokarbons, die er enthält, in einem bekannten exponentiellen Rhythmus ab (natürlicher Zerfall der ^{14}C-Isotope). Eine Probe dieses Organismus kann daher datiert werden, wenn man das Verhältnis von Gesamtkohlenstoff zu ^{14}C misst.

Exponentielle Abnahme von ^{14}C

Zerfallsrate pro Minute
und Gramm Kohlenstoff

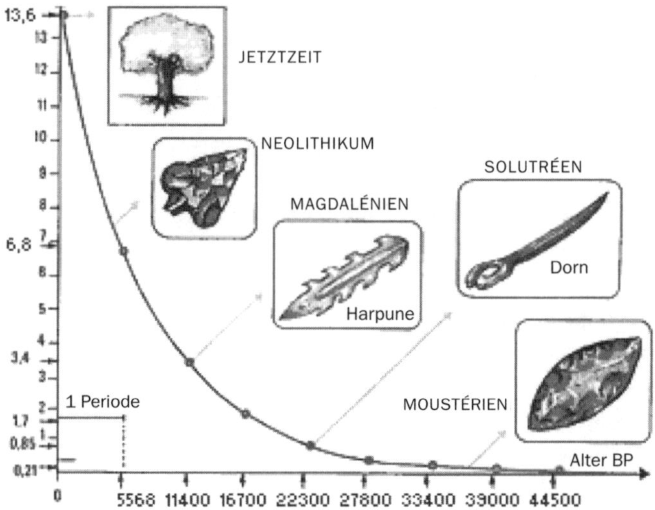

Alterseinstufung

Das Alter einer organischen Probe zu bestimmen besteht im Wesentlichen darin, das Verhältnis von ^{14}C und Gesamtkohlenstoff zu messen und daraus ihr Alter abzuleiten.

Das Verhältnis von ^{14}C und Gesamtkohlenstoff wird entweder indirekt gemessen, indem man die spezifische Aktivität des Radiokarbons misst, die einen Hinweis auf das Verhältnis von ^{14}C und Gesamtkohlenstoff gibt, oder durch direkte Messung mit der Massenspektrometrie.

Heute wird die Methode der Massenspektrometrie vorgezogen, weil sie wesentlich **weniger Probenmaterial** erfordert (weniger als ein Milligramm versus mehrere Gramm in früheren Zeiten) und **weniger Zeit** (weniger als eine Stunde versus mehrere Tage oder Wochen). Praktisch geht das so vonstatten: Der enthaltene Kohlenstoff wird zuerst in Graphit umgewandelt, dann in Ionen, die im Massenspektrometer mittels eines Teilchenbeschleunigers beschleunigt werden. Dabei werden die verschiedenen Kohlenstoff-Isotope getrennt, sodass die ^{14}C-Isotope gezählt werden können.

Proben, die über 50 000 Jahre alt sind, können mit dieser Methode nicht datiert werden, da das Verhältnis zwischen ^{14}C und Gesamtkohlenstoff zu gering ist, um mit den aktuellen Techniken gemessen zu werden.

Konventionelles ^{14}C-Alter und kalibriertes Datum

Das konventionelle ^{14}C-Alter einer Probe organischen Materials wird in Jahren »before present« (BP) ausgedrückt und so berechnet:

- Die Halbwertszeit von ^{14}C wurde von Libby 1950 mit 5568 Jahren angegeben. Mittlerweile sind die Messungen präziser und nennen eine Halbwertszeit von 5730 Jahren.
- Das Referenzdatum, von dem aus die Zeit seit dem Absterben des Organismus gemessen wird, wurde von Libby auf 1950 festgesetzt. Diese Angabe darf nicht kalendarisch verstanden werden.

Zu Beginn der 60er-Jahre entdeckte man, dass es große Abweichungen vom mit der Radiokarbonmethode festgestellten Alter zu dem von Archäologen geschätzten und zu den durch Dendrochronologie eruierten Werten gab.

So kam man dahinter, dass aufgrund der Fluktuationen im Erdmagnetfeld die Produktion von natürlichem Radiokarbon im Laufe der Jahrtausende stark schwankte. Klimaveränderungen und der Ausstoß von Kohlenstoff in die Atmosphäre, wie er in den letzten Jahrhunderten durch Industrie und Verkehr bedingt erfolgte, haben ebenfalls den Gesamtkohlenstoffgehalt der Atmosphäre und somit auch den Gehalt an ^{14}C erhöht. Die Atomversuche in den Fünfziger- und Sechzigerjahren haben den Anteil des radioaktiven Kohlenstoffs fast verdoppelt.

Da die von Libby festgelegten Parameter also nicht mehr brauchbar waren und die globale Menge von ^{14}C in der Biosphäre über die Zeit hinweg nicht konstant war, hat man begonnen, Kalibrierungskurven zu definieren, in denen die ^{14}C-Datierung und das durch andere Methoden wie die Dendrochronologie eruierte Alter angegeben werden.

Mittels dieser Kurven wird das Alter BP in ein kalibriertes Kalenderalter umgerechnet, das man in chronologischen Intervallen mit einer bestimmten Wahrscheinlichkeit angibt. [5–6]

Bibliographie

[1] G. Marlowe, 1999, »Year one: radiocarbon dating and American archaeology. 1947–1948«, in: *American Antiquity*, LXIV / 1, S. 9–32.

[2] W. F. Libby, 1955, *Radiocarbon dating*, 2nd edition, University of Chicago Press, Chicago.

[3] G. Marlowe, 1980, »W. F. Libby and the Archeologists: 1946–1948«, in: *Radiocarbon*, XXII / 3, S. 1005–1014.

[4] R. E. Taylor, 1987, *Radiocarbon dating: an archaeological perspective*, Academic Press, London, Kap. 6.

[5] M. Stuiver et al., 1998, CALIB rev. 4.3 (Data set 2), in: *Radiocarbon*, Bd. 40, S. 1041–1083.

[6] A. J. T. Juli, 2003, *Radiocarbon*, Bd. 46, 18. Konferenz in Wellington.

Anhang 3:
Gutachten von Roland Gilles

Teppich mit Schrift und urbaner Landschaft

Afghanistan (Herat), datiert 1990 oder 1991
Geknüpfte Wolle, Kette und Schuss in Wolle
Maße: 133x86 cm
Erworben durch Herrn Jean-Charles Wall

Dieser Teppich mit seinen Bilderrätseln ist fast völlig intakt, nur einige Fransen am Webrand fehlen. Der Teppich hat eine rechteckige Form und zeigt eine Randbordüre von schwarzbraunem Grund, die mit einer Abfolge von sternförmigen Blüten in Rot, Gelb und Blau verziert ist. Zwischen den Blüten finden sich kleine weiße Kreuze.

Das Mittelfeld weist ein recht ungewöhnliches Dekor auf. Es zeigt eine weite urbane Landschaft, die von der Darstellung einer Hängebrücke mit einem Geländer aus Stahlträgern, Brückenpfeilern und Tragseilen dominiert wird. Die Tragseile werden durch zwei parallele weiße Linien wiedergegeben, die zwischen Fahrbahnträger und Brückenpfeilern verlaufen. Dahinter schieben sich Gebäude und Türme in den nächtlichen Himmel. Über dem Ganzen fliegen von links nach rechts zehn Flugzeuge von ockerbrauner oder roter Farbe. Die beiden ersten, die untereinander fliegen, weisen nur ein schwarzes Fenster auf. Im Unterschied zu den »Kriegsteppichen«, die in Afghanistan während der sowjetischen Besetzung (1979 / 1989) entstanden, sind weder Bomben noch Granaten abgebildet. Unter der Brücke fließt ein Fluss. Man erkennt Fische und eine Art Boot mit Kran. Das Bild ist in dunklen Farben gehalten, der Fahrträger der Brücke ist ganz schwarz.

Auf der rechten Bildseite verlaufen ober- und unterhalb der Brücke Schriftzüge in Dari (dem afghanischen Persisch), es ist ein Datum angegeben. Es gibt in indo-arabischen Lettern das Jahr der Fertigung an. Es handelt sich um ein Datum des persischen Kalenders, der ein Sonnenkalender ist wie der unsere: 1369. Man addiert daher die Zahl

622 (das Jahr 1 für Muslime), um auf das Datum im gregorianischen Kalender zu kommen: Das wäre 1990 oder 1991, ohne weitere Präzisierung*.

Was den Rest angeht, sind wir auf Spekulationen angewiesen. Der große weiße Schriftzug unten ist in Spiegelschrift gehalten, man liest ihn also entgegen der normalen Leserichtung. Folgendes ist zu erkennen: untere Zeile: »Shar I«. Obere Zeile: »Stanbl«. Das ergäbe: Shar Istanbul = die Stadt Istanbul. Darüber findet sich ein Textband in Ockerbraun in normaler Ausrichtung, doch die Buchstaben sind kaum unterschieden und merkwürdig angeordnet. Man könnte lesen: »Dubai mithel«, also »wie Dubai«. Anders ausgedrückt: »die Stadt Istanbul wie Dubai«. Hier hat man sozusagen die freie Wahl.

Das weiße Textelement oberhalb der Brücke ist in kleineren Buchstaben gehalten. Die Form ähnelt der eines Turms. Der Inhalt ist noch rätselhafter. Ohne Schwierigkeit zu lesen ist: »in kar«, also »dieses Werk«. Und am Ende steht: »ast«, also »Osten«. Was dazwischen steht, ist allerdings problematisch. Herr Zalmai Nassery, afghanischer Antiquar in Paris**, schlägt eine Lesart vor, die mir überzeugend scheint,

---

* 1990 war ich mit meinem Freund Jim Williams in Afghanistan. Die UNESCO hatte uns dorthin geschickt, um zusammen mit der Teppichknüpfergilde in Masar-e Scharif Teppichwerkstätten aufzubauen. Man wollte vor allem die ursprünglichen Färbetechniken mit Naturfarben wieder einführen, die unter den Sowjets weitgehend in Vergessenheit geraten waren. Auf dem dortigen Markt sahen wir viele Kriegsteppiche. Die meisten sind blaugrundig und zeigen als Motiv die große Moschee von Herat unter einem Bombenhagel. Die Bomben werden von Hubschraubern abgeworfen. Da und dort verstreut finden sich Kalaschnikows. Diese Stücke sind zwischen 1980 und 1990 entstanden. Sie zeigen sehr schön, wie die afghanischen Teppichknüpfer aktuelle Ereignisse verarbeiteten, möglicherweise um sie abzuwenden. 1994 hielten wir uns in Herat auf. Es war Abend und wir befanden uns im Garten des Parkhotels, wo ein Teppichverkauf stattfinden sollte. Dort fanden wir kleine Porträtteppiche, die Moses oder Maimonides darstellten. Zumindest besagten dies die Inschriften in Hebräisch! Diese Teppiche stammten aus den mittlerweile leer stehenden Häusern der Juden von Herat.

** Für die Lektüre der Inschriften habe ich, neben meiner persönlichen Interpretation, mehrere afghanische Antiquare herangezogen: Herrn Wali Haidery und seinen Verkäufer, La route de la soie et ses merveilles, in Paris V, Rue Lacepède 11b; Herrn Abdul Nassery und Zalmai Nassery, unterstützt von einem iranischen Kalligrafen, Galerie Afghan Spenn Zar (weißes Gold), in Paris V, Boulevard Saint-Germain 48. Alle sind sie der

weil sie ein häufig vorkommendes Merkmal mit einbezieht: »in kar sbhishal ast«, also »dies ist ein besonderes Werk«. Das Wort »sbhishal« wäre dann in dieser Sicht die phonetische Transkription des englischen Wortes *special*.

Der Teppich ist tatsächlich in mehr als einer Hinsicht *special*. So präsentiert er die Stahlbrücke mit perspektivischen Effekten, die Fluchtlinie verläuft von links nach rechts. Auf dieser Seite sind die letzten beiden Brückenpfeiler deutlich kleiner dargestellt, die Tragseile sind kürzer. Dagegen steht der erste Brückenpfeiler mitten im Bild und reicht oben und unten bis an die Bordüre. Dasselbe gilt für den Fahrbahnträger, der nach rechts zu immer schmäler wird. Der Teppichknüpfer oder die Teppichknüpferin hat zweifelsohne eine Postkarte reproduziert. Dabei hat er die Proportionen beibehalten. Um welche Karte aber handelt es sich? Dass es ein Foto mit einem Bild von den beiden Hängebrücken in Istanbul sein könnte, ist eher unwahrscheinlich. (Infrage kämen die Bosporus-Brücke, die 1973 fertiggestellt wurde, und die Sultan-Mehmet-Fateh-Brücke von 1986.) Im Jahr 1990 sahen die Uferseiten in Istanbul nicht so aus wie auf dem Teppich dargestellt, und Fotos von Istanbul zeigten nur selten die Hängebrücke aus dieser Perspektive. Daher ist es, wie Herr Wall bemerkt hat, gut möglich, dass der Teppich die New Yorker Brooklyn Bridge mit ihren dekorativen Pfeilern und der wunderbaren Skyline aus Wolkenkratzern darstellt. Dies ist eine berühmte Ansicht der Stadt New York, die sich immer wieder auf Postkarten findet. Datum und Inschrift oberhalb der Brücke könnten durchaus für die beiden Türme des World Trade Centers stehen, die am 11. 9. 2001 zerstört wurden. Und das ist noch nicht alles. Denn 1990 war das Jahr, in dem Afghanistan immer noch von Nadschibullah regiert wurde, den die Russen an die Macht gebracht hatten. Daher kann es gut sein, dass der Teppichknüpfer statt »New York« einfach »Istanbul« oder »Dubai« schrieb, um eventuelle Betrachter zu täuschen. Das wäre zumindest eine sinnvolle Vorsichtsmaßnahme gewesen.

---

gleichen Meinung, was die »Shar Stanbul«, also die Stadt Istanbul betrifft. Was die obere Inschrift angeht, lasen wir sie auf meinen Vorschlag als: »Dies ist ein Werk von Muhin Shara«, als Herr Zalmai Nassery plötzlich die Idee mit dem englischen *special* hatte, was eine witzige Lösung und unserer Ansicht nach die beste Hypothese ist.

Das Violettblau des Teppichgrundes und das Motiv auf der Bordüre lassen vermuten, dass wir es hier mit einem Teppich aus dem afghanischen Belutschistan zu tun haben, der in Herat oder in einem der Flüchtlingslager in der Nähe geknüpft wurde. Vielleicht handelt es sich um eine Auftragsarbeit. Denn obwohl die Arbeit relativ grob ausgeführt ist, ist die Umsetzung des Fotomotivs doch recht geschickt. Der Entwurf stammt also von einem Meister seines Faches. Der Beginn der im Werk dargestellten Handlung wird von den beiden roten Flugzeugen links markiert, die durch die beiden weißen Linien auf dem Rumpf von den anderen unterschieden sind. Das ockerfarbige Flugzeug rechts hingegen stößt fast schon an die Bordüre und signalisiert daher das Ende des Vorgangs. Wie in den mittelalterlichen Teppichen Frankreichs wird die Geschichte von einer Seite zur anderen erzählt. Wie diese auch ausfallen mag, der Teppich ist jedenfalls ein ungewöhnliches Stück und gibt durch seine Inschriften einige Rätsel auf.

Roland Gilles,

ehemaliger UNESCO-Berater für Bildungs- und Erziehungsfragen in Afghanistan. Kurator verschiedener Ausstellungen im Institut du Monde Arabe, Paris.

Anhang 4:
Gutachten von Berdj Achdjian

Ich, der Unterzeichnete, Berdj Achdjian, Experte für Teppiche, Tapisserien und alte Stoffe, bestätige hiermit, ein Digitalfoto in guter Auflösung von einem Teppich gesehen zu haben, das mir Herr Jean-Charles Wall vorgelegt hat. Seiner Aussage nach gehört der Teppich ihm. Es ist darauf ein Flugzeugangriff auf New York (die Brooklyn Bridge mit Blick auf den südlichen Teil Manhattans und die Twin Towers) zu sehen. Das Mittelfeld enthält drei Schriftzüge und ein Datum in arabischen Lettern ... Auf der Bordüre finden sich 96 Sterne.

Mein Gutachten lautet wie folgt:

Es handelt sich um einen afghanischen Teppich (aus dem afghanischen Belutschistan oder Taimani-Gebiet).

Das Dekor wurde von einem anonymen Designer entworfen.

Der Teppich wurde von Hand geknüpft (Schuss und Kette sind aus Wolle). Er ist das Werk einer Person, die in ihrer persönlichen Werkstatt, möglicherweise sogar zu Hause arbeitet. Vermutlich ist der Teppich das Werk einer afghanischen Teppichweberin oder -knüpferin.

Datum: etwa 1990.

Auf dem Mittelfeld ist das Datum »1369« angegeben, das sich auf den Hidschra-Kalender, den iranischen Sonnenkalender, bezieht, der in Afghanistan benutzt wird. Das Datum entspricht im gregorianischen Kalender der Zeit zwischen dem 21. März 1990 und dem 21. März 1991.

Maße: wurden nicht direkt genommen. Herr Wall gibt an, der Teppich messe 133 x 86 Zentimeter.

Weise ist nicht der, der die richtigen Antworten weiß, sondern der, der die richtigen Fragen stellt.

Claude Lévi-Strauss

Ein Großteil der Abendländer betrachtet die Kunst der orientalischen Teppichweber und -knüpfer nur unter dem Gesichtspunkt des Funktionalen und Dekorativen. Man steigt eben darauf herum. Man sucht sich ein hübsches Dekor aus und benutzt den Teppich sodann, um das eigene Heim zu schmücken. Ein bisschen Seide da und dort, das genügt dann schon.

Was aber ist mit dem Teppich, den der Muslim zum Beten benutzt? Im Westen putzt man sich darauf die Füße ab. Das wäre, als benutze man ein Weihwasserbecken, um sich die Hände zu waschen. Genau das aber machen zahlreiche Abendländer, wenn sie mit Schuhen auf einen »heiligen« Teppich treten, den religiöse Würdenträger, die Kardinälen gleichkommen, wie Mullahs, Rabbis und andere Gläubige, zum Beispiel die Parsen, nur mit bloßen Füßen zu betreten wagen.

Von wenigen Sammlerpersönlichkeiten abgesehen ist ein Teppich für den Großteil der Abendländer – zumindest für 90 Prozent, die sich auch noch für kunstverständig halten – kein Kunstwerk, sondern ein dekoratives Stück ohne jede Bedeutung.

Für die meisten Abendländer liegt es auf der Hand, dass ein Künstler wie van Gogh in seine Gemälde all seine Obsessionen, Visionen, ja sein Unbewusstes hat einfließen lassen. Doch eine Teppichknüpferin hat in ihren Augen offensichtlich nicht die Anlage zur Depression, zur Sexualität, zu Kummer und Leid und anderen Aspekten der Persönlichkeit.

In den Zügen eines Egon Schiele sehen Kunstliebhaber eine Zerbrechlichkeit der Seele, eine kaum verhohlene Sensibilität, einen obsessiven Charakter ausgedrückt. Warum also sollten sich in einem geknüpften oder gewebten Teppich, der gewöhnlich nach einer Vorlage oder einer Zeichnung geschaffen wird, keine psychologischen, ja psychoanalytischen Merkmale zeigen?

Es ist also weiter nicht erstaunlich, dass die Ankündigung einer Katastrophe, eine religiöse oder philosophische Botschaft auf einem Teppich von einem Großteil der Abendländer nicht verstanden wird.

Unter den vorgefassten Ideen über Teppiche stechen drei besonders hervor:

Ein Teppich ist ein kunsthandwerkliches Produkt.

Die Teppichknüpferin hat kein Unbewusstes, keine Sorgen und schon gar keine Visionen.

Der Teppich kann allerhöchstens ein Gebetsteppich sein.

Sieht die Wahrheit nicht anders aus? Sehr viel komplexer nämlich?

Wenn es um die Malerei geht, auf wie viele Menschen kommt ein Maler von Rang? Ein Picasso oder Matisse zum Beispiel? Weniger als 0,1 Prozent der Menschen haben überhaupt je gemalt. Auf 25 000 bis 50 000 an der Malerei interessierte Menschen kommt also ein Picasso: Maler, die nicht sein Talent haben, Amateure, die in der lokalen Volkshochschule ausstellen, all die Sonntags- oder Donnerstagsmaler. Picasso repräsentiert also, wenn man ein Verhältnis aufstellen möchte, ein Fünfzigtausendstel!

Bei Teppichen aber spricht man nicht von Genies, von großen Künstlern, sondern nur von der breiten Masse. Dieser Umkehrschluss in der globalen Wahrnehmung, dieses mangelnde Verständnis ist vielen Orientalen, auch Afghanen, nur allzu bewusst. Und wenn sie etwas verstecken wollen, wissen sie, dass der Teppich dafür ein guter Ort ist. Denn der Teppich ist für den Abendländer immer Massenware, ein Teppich mehr, den man ins Wohnzimmer legt. Dekorativ, aber ohne jede Bedeutung. Wieso sollte man ihn überhaupt genauer in Augenschein nehmen?

1979 habe ich eine Radiosendung im Rahmen des »Après-midi de France Culture« produziert, in der es um den Symbolgehalt von Orientteppichen ging. Ich hatte die Ehre, Bernard Dupaigne, den Kurator des ethnologischen Musée de l'Homme, zu Gast zu haben, der auch Afghanistan-Spezialist ist.

Herr Dupaigne, der unter anderem auch Kontakte zu General Massud hatte, interessierte sich als guter Ethnologe auch für afghanische Teppiche. Er hatte sie gründlich studiert, und bei unserem Gespräch zeigten wir uns beide davon überzeugt, dass auf afghanischen Teppichen im Allgemeinen religiöse Themen zwar überwiegen, es jedoch durchaus möglich sei, dass auch andere Botschaften damit übermittelt werden. Das liegt auch daran, dass das religiöse Leben und das Alltagsleben bei den Afghanen enger verknüpft sind als bei uns.

Damals amüsierten wir uns über derlei Spekulationen, wussten wir doch, dass wir die Botschaften niemals würden entziffern können, selbst wenn wir sie auf einem Teppich entdeckt hätten. Man hatte vielleicht eine leise Ahnung, aber das war's auch schon. Wir würden die Botschaft nicht verstehen. Echte Botschaften auf Kriegsteppichen konnten nur von den Leuten entschlüsselt werden, die den richtigen Code besaßen.

Seitdem sind mehr als dreißig Jahre vergangen, und nun habe ich einen solchen Teppich vor mir. Die Frage stellt sich: Was bedeutet dieser Teppich? Welche Botschaft enthält er? Denn er wirft ja eigentlich folgende Frage auf: Enthält der Teppich eine geheime Botschaft, die auf die Attentate vom 11. September 2001 auf die Zwillingstürme von Manhattan hinweist?

Darauf habe ich letztlich keine Antwort, denn ich bin kein Experte für die Entschlüsselung geheimer Codes. Doch ich glaube, es handelt sich wirklich um eine gute Frage.

Schon in den Achtzigerjahren wusste man, dass es in Afghanistan Leute gab, die Teppiche zur Unterstützung und Propaganda nutzten. Die Analphabetenrate war bei Männern und Frauen recht hoch, und die bunten Motive auf den Teppichen erreichten mit ihrer Propaganda auch diese Menschen.

Merkwürdigerweise ergibt sich aus dem Einfachen häufig das Hochkomplexe, wie dies jeder aus seinem Umfeld kennt. Das Chaos, die vollständige Unordnung, und die 1, der Beginn der Ordnung, sind daher die interessantesten Positionen, jene, die Fragen aufwerfen, die sich dem allgemeinen Verständnis entziehen. An beiden Extrempunkten finden sich die interessantesten geheimen Informationen.

Dazu passt die Geschichte von Mullah Nasruddin und den Zöllnern. Mullah Nasruddin überquert regelmäßig die afghanisch-iranische Grenze. Dabei filzen die Zöllner immer seine Taschen, seine Beutel, überhaupt alles, worin Mullah Nasruddin etwas vor dem Zoll verstecken könnte. Nichts!

Die Jahre vergehen. Auch Mullah Nasruddin geht in Rente, und die Zöllner, die mittlerweile seine Freunde geworden sind, fragen ihn:

»Lieber Mullah Nasruddin, du bist jahrelang über die Grenze gegangen. Man hat dich Tausende und Abertausende Male durchsucht, und nie haben wir etwas gefunden. Was hast du denn eigentlich geschmuggelt? Diamanten? Und wo hast du sie versteckt? In den Hufen deines Esels vielleicht? Und die Goldstücke? Die hast du ihm wohl zu fressen gegeben? Wo hast du das alles nur versteckt?«

Und unser guter Mullah Nasruddin antwortet: »Aber ich habe weder Diamanten noch Goldstücke geschmuggelt, sondern Esel!«

Warum haben die Zöllner das nicht kapiert? Warum können wir Hinweise auf ein Attentat in einem einfachen Teppich nicht erkennen? Darauf weiß ich als Spezialist auch keine Antwort, aber immerhin habe ich die richtige Frage gestellt.

Mein Vater hat mir eine Geschichte erzählt, von der ich eine etwas abgemilderte Version in der Zeitschrift *Hali Magazine* las, die sich auf Textilkunst spezialisiert hat und bei Kennern von Orientteppichen sehr beliebt ist.

Der König von Armenien beschloss eines Tages, sich zu verheiraten. Und so sandte er seine Emissäre in die verschiedenen Provinzen seines Reiches, um dort die Schönste aller Armenierinnen zu finden. Die Frauen wurden an den Hof des Königs gebracht, und die Schönste aller Schönen erweckte sein Interesse. Er bat sie also um ihre Hand, und die Schönste der Schönen willigte ein – unter einer Bedingung: Er müsse wie sie einen Teppich weben können. Da das Mädchen schön war wie die Sonne, nahm der König an. Und er lernte von ihr, den feinsten aller Teppiche zu weben, der jedoch eine Besonderheit hatte: Alle zehn Knoten wurde ein Schussfaden aus roter Seide durchgezogen. Der König hatte seine Lehrzeit vollendet, der erste Teppich war unter den Augen der Schönen gewebt worden, und die Hochzeit fand nach einem guten Monat statt.

Die Jahre gingen ins Land. Der König und die Königin lebten friedlich zusammen. Doch es kam der Moment, da der König sehen wollte, wie es um sein Reich bestellt war. Er verkleidete sich als Arbeiter und durchmaß es von einem Ende zum anderen. Unglücklicherweise wurde er von Räubern entführt. Der König aber war nicht dumm, verbarg seine wahre Identität und schuftete für seine Entführer als Stallbursche. Eines Tages aber enthüllte er ihnen, dass er Teppiche zu weben verstand. Er machte ihnen den Mund wässrig, denn schöne Teppiche brachten viel Geld ein. Und so beauftragten sie ihn damit, einen Teppich zu weben.

Der Teppich war so wunderschön, dass ein Händler, der ihn von einem anderen Händler erworben hatte, damit zur Königin ging. Die Königin nahm den Teppich und besah ihn sich genau. Sie fing an, die Fäden zu zählen, und tatsächlich: Dieser Teppich musste eine Arbeit ihres Mannes sein. Sie begriff, dass er noch am Leben war. Und so verfolgte man die Spur des Teppichs zurück, bis die Gendarmen die Höhle der Räuber aufgespürt hatten. Der König wurde befreit, die Räuber aber wanderten alle ins Gefängnis.

Berdj Achdjian

Literaturnachweis

Der Koran. Aus dem Arabischen neu übertragen von Hartmut Bobzin. Unter Mitarbeit von Katharina Bobzin. Mit Kalligraphien von Shahid Alam. Verlag C.H.Beck oHG, München, 2010.

Gilles Kepel, Jean-Pierre Milelli, Stéphane Lacroix, Omar Saghi: Al-Qaida dans le texte. Ecrits d'Oussama ben Laden, Abdallah Azzam, Ayman al-Zawahiri et Abou Moussab al-Zarqawi.

Gilles Kepel, Jean-Pierre Milelli: Al-Qaida – Texte des Terrors.

Bildnachweis

Abb. 1: © Gettyimages
Abb. 3: © Jupiterimages
Alle anderen: © Jean-Charles Wall